eビジネス新書

No.432

週刊東洋経済

ニッポンのSDGs&ESG

JN046757

週刊東洋経済 eビジネス新書 No.432

ニッポンのSDGs&ESG

本書は、東洋経済新報社刊『週刊東洋経済』2022年7月30日号より抜粋、加筆修正のうえ制作しています。情報は底本編集当時のものです。(標準読了時間 120分)

ニッポンのＳＤＧｓ＆ＥＳＧ　目次

歴史から考え方まで

SDGsとESGがビジネスの最重要テーマに

「あと100年で地球の成長は限界に達する」。世界各国の著名政治家、外交官、産業人、科学者などが名を連ねる「ローマクラブ」が、1972年に「成長の限界」という報告書を発表した。

人口増加による食糧不足、産業拡大による環境汚染やエネルギー枯渇――。人類は地球が持てる資源をいずれ食い尽くしてしまう。「成長の限界」というオブラートから透けて見えるのは、まさに地球規模の危機であった。

報告書の発表から50年。1992年の地球サミット、97年のCOP3（第3回国連気候変動枠組条約締約国会議）を経て誕生したのがSDGs（持続可能な開発目標）だ。地球規模の問題を解決しながら、成長を続ける道を目指す。

全世界で達成を目指す

SDGs17の目標

国連で採択されたSDGsの17目標には、2030年までに実現を目指す169の具体的なターゲットが設定されている

（出所）国連広報センター

はじめに、ＳＤＧｓ誕生までの流れを振り返っておこう。
【１９７２年：成長の限界】　ローマクラブは「成長の限界」という報告書において、人口増加や環境汚染が続くとあと１００年で地球の成長は限界に達すると警鐘を鳴らした。世界初の環境に関する国際会議がストックホルムで開催される。
【１９８０年：持続可能性】「世界自然環境保全戦略」で初めて「持続可能性」の概念が登場。ＳＤＧｓのルーツとなる。
【１９８９年：冷戦終結】　ベルリンの壁が崩壊。経済のグローバル化が加速する中で、地球環境問題の重要性が指導者層の間でも認識される。
【１９９２年：地球サミット】　リオデジャネイロで「地球サミット」が開催される。持続可能な開発に関する行動の基本原則などを収めた「リオ宣言」などが採択される。気候変動枠組条約には１５５カ国が署名。
【１９９７年：京都議定書】　第3回国連気候変動枠組条約締約国会議（ＣＯＰ３）において京都議定書が採択され、地球温暖化対策の世界的な協調取り組みが始まる。
【２０００年：ＭＤＧｓ】　開発途上国の貧困、教育などを改善する８つのゴールと２１のターゲットが掲げられる。ミレニアム開発目標（ＭＤＧｓ）と呼ばれ、ＳＤＧｓの

原型となる。

【２０１５年：ＳＤＧｓ】ＭＤＧｓの後継として２０３０年までに達成すべき持続可能な開発目標「ＳＤＧｓ」が生まれる。開発途上国だけでなく、先進国も対象にして、世界中の取り組みとなる。

次に、気候関連財務情報開示タスクフォース（ＴＣＦＤ）の資料から、気候変動リスクの種類を整理する。

〔移行リスク：低炭素経済への移行に関するリスク〕

①政策・法規制リスク：ＧＨＧ排出に関する規制強化、情報開示義務の拡大

②技術リスク：既存製品の低炭素技術への入れ替え、新技術への投資失敗

③市場リスク：消費者行動の変化、市場シグナルの不透明化、原材料コストの上昇

④評判リスク：消費者選好の変化、業種への非難、ステークホルダーからの懸念の増加

〔物理的リスク：気候変動による物理的変化に関するリスク〕

⑤急性リスク：サイクロン、洪水のような異常気象の深刻化、増加

⑥慢性リスク：降雨や気象パターンの変化、平均気温の上昇、海面上昇

企業活動に求められるCSR（企業の社会的責任）、その具体的な取り組みであるESGも時代のキーワードになった。企業が長期的に成長するには、環境（E）、社会（S）、ガバナンス＝企業統治（G）の3つの要素が不可欠で、企業を選別する投資家にも重要な視点となった。企業がESG経営を進化させれば、国が目標とするSDGsを進めることにもなる。ESGとSDGsは同じレールの上を走っているといえる。

2030年までに17の目標を達成しなければならないのがSDGsだ。世界の歩みは決して速くはないが、日本の遅れが目立っている。国連と連携する研究機関の最新の報告書によれば、達成状況は19位。年を追うごとに順位を下げ、「ジェンダー平等」「気候変動対策」など6つの目標で最低評価になっている。

日本企業のサイトを見ると、SDGsやESGに触れていないほうが珍しいが、自社の戦略にそれを本当に落とし込めている企業は多くない。「やっているふり」にしか見えない「SDGsウォッシュ」もまだまだはびこっている。

SDGs、CSR、ESGの関係図

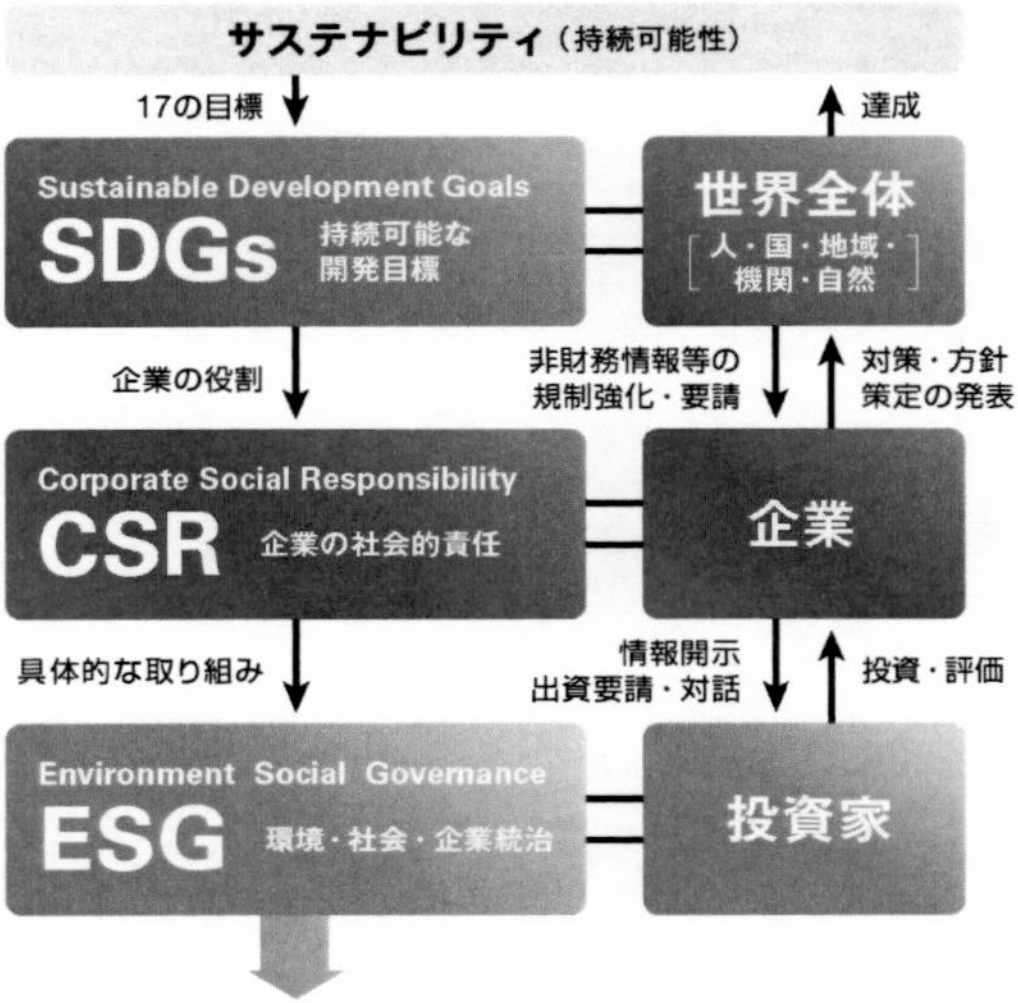

ESG投資のスタンス

（出所）環境省・ESG検討会（2017）

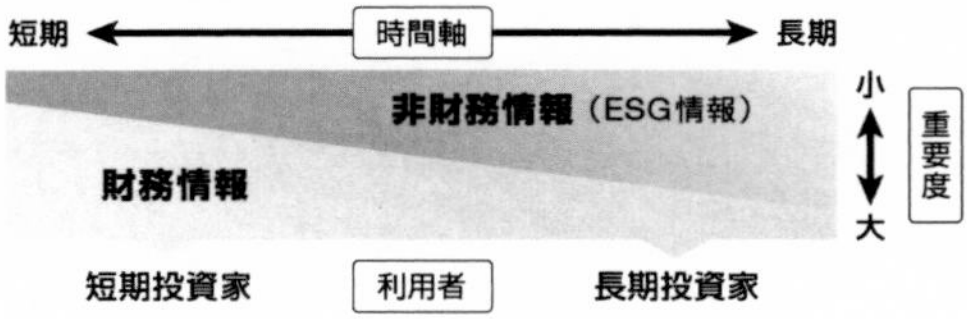

人権擁護やジェンダー平等、気候変動対策……。専門家たちが口をそろえるのは、ＳＤＧｓやＥＳＧで重要視される課題が「きれい事」ではなく、経済、企業の成長戦略であり、生き残り戦略であることだ。気候変動リスクは経営を脅かす地雷のように見える。

コロナ禍やウクライナ戦争もＳＤＧｓの進捗をより鈍らせたはずだ。裏を返せば、この世界は生き残りへ向けて、一歩も引けない瀬戸際に追い込まれたといえるだろう。その危機意識がどこまで広がっていくのか。これからの焦点となる。

（堀川美行）

ビジネスや就活でも役立つ！

SDGs&ESGキーワード7選

① 2030アジェンダ

2015年9月、国連サミットで加盟国の全会一致で採択されたのが「我々の世界を変革する：持続可能な開発のための2030アジェンダ」。この中核となるのが、30年までに目指すべき国際目標（アジェンダ）を定めたSDGsである。

2001年に策定されたミレニアム開発目標（MDGs）を引き継いでいるが、MDGsは主に発展途上国向けの開発目標で、先進国はその支援をする位置づけだった。それに対し、SDGsは地球上の「誰一人取り残さない」とし、先進国・途上国に関係なく、世界のすべての人が達成すべき目標としていることが大きな違いといえる。

「2030アジェンダ」の前文は、持続可能な開発のためのキーワードとして「5つのP」を掲げる。People（人間）、Prosperity（繁栄）、Planet（地球）、Peace（平和）、Partnership（パートナーシップ）で、SDGsの17の目標はこれらと関連づけられている。

② SDGsウォッシュ

実態以上にSDGsに取り組んでいるように見せかける、ごまかし行為のこと。故意に虚偽の主張をすることだけでなく、具体性に欠けるあいまいな表現や、一部の活動を誇張して取り上げること、目標と実際の行動の矛盾なども含まれる。

以前から使われていた、whitewash（ごまかし）とgreen（環境配慮）を組み合わせた造語「グリーンウォッシュ」（環境に配慮した取り組みをしているように見せかけること）を基にした表現。

企業がSDGsウォッシュの批判を受けると、信頼の喪失、評判の低下を招き、ESG投資が広がる現在、株価の下落にも結び付く。

SDGsウォッシュに陥らないためには、まず誠実にSDGsに取り組むことが前提だが、そのうえで、誇張や不確実さのない表現でコミュニケーションを行うことが必要となる。

③ SDGコンパス

企業がＳＤＧｓを経営に取り込むための指針として、国連グローバル・コンパクトなど３団体が２０１６年に共同開発したツール。正式名称は「SDG Compass －SDGs の企業行動指針－」。３０ページのＰＤＦ冊子で、Ｗｅｂ上で公開されている。

ＳＤＧコンパスは、企業がいかにしてＳＤＧｓを経営戦略と整合させ、ＳＤＧｓへの貢献をどう測定し管理していくかの指針を、５つのステップによって説明する。

５つのステップは以下のとおりだ。

ステップ１「ＳＤＧｓを理解する」
ステップ２「優先課題を決定する」
ステップ３「目標を設定する」
ステップ４「経営へ統合する」

ステップ５「報告とコミュニケーションを行う」。

企業はステップ2〜5を繰り返すことで、ＳＤＧｓへの貢献をブラッシュアップしていくことができる。

④ バックキャスティング

計画立案などの際に「未来のあるべき姿」を起点にし、逆算して現在するべきことを考える思考法。長期的な目標がはっきりしていて、それを必ず実現するための方法を考えるのに向く。対義語は、今あるものから積み上げて将来を考える「フォアキャスティング」。

ＳＤＧｓは現状にかかわらず、「２０３０年に世界がどうあるべきか」から定められたバックキャスティングの目標であり、現在の状況の延長線上で行動していてもその達成は難しい。

今できることからではなく、「２０３０年にＳＤＧｓを達成しているためには、今何をしなければならないのか」とゼロベースで考えること、それによって生まれる飛躍的な発想をもって解決策を見いだすことが必要だ。

⑤ サーキュラーエコノミー

日本語では「循環型経済」。廃棄物をなくし、資源を再利用する経済モデルのこと。国際的なサーキュラーエコノミー推進団体、エレン・マッカーサー財団は「サーキュラーエコノミーの3原則」として、「廃棄物や汚染などを出さない設計」「製品や資源を使い続ける」「自然のシステムを再生する」を掲げる。

サーキュラーエコノミーでは原材料調達や、製品やサービスの設計段階から資源の回収や再利用を前提とし、廃棄物を出さず、できるだけ新規資源を投入せずに循環させていく。この点で、最終的には廃棄物を出す従来の3R（リユース、リデュース、リサイクル）と異なっている。

資源コストを抑えることができ、新たなサービスの展開にもつながる、環境負荷の低減と経済成長の両立を目指すモデルとして、世界的に注目を集めている。

⑥ エシカル消費

人や社会、環境に配慮した消費行動のこと。ＳＤＧｓの目標１２「つくる責任／つかう責任」に関して、消費者が最も気軽に行動できる取り組みの１つだ。

例えば、発展途上国の原料や製品を適正な価格で継続的に取引する、フェアトレードの商品を購入することは、途上国生産者の生活支援につながる。

ＦＳＣ森林認証、ＲＳＰＯ認証といった認証のマークがある商品を選ぶことは、環境保全・生物多様性への配慮になるだろう。

フェアトレード商品が定着し、消費者が好んでそれらを購入するヨーロッパでは、企業がさらに積極的にフェアトレードに取り組むという好循環が生まれている。環境・人権などの課題に対する企業の取り組みを加速させるため、日本でもエシカル消費のさらなる定着が期待される。

⑦ グリーンボンド

企業や地方自治体などが環境改善活動（グリーンプロジェクト）の資金調達を目的

として発行する債券のこと。その使途は地球温暖化対策や再生可能エネルギー事業といった、明確に環境改善効果を持つプロジェクトに限定される。調達資金が確実に追跡管理され、発行後のリポーティングを通じて透明性が確保されることも特徴だ。

グリーンボンドの発行により、企業や自治体は環境分野への取り組みや貢献をアピールできる。環境改善活動をきっかけとして、地域住民や消費者の認知度の向上も期待できる。ＥＳＧの観点を持つ投資家が増えており、属する業界や主な事業内容以外で投資家の支持を得るチャンスともなる。

投資する側も環境問題への貢献をアピールできるほか、債券は、株式よりも低リスクである点がメリットだといえる。

（ライター・勝木友紀子）

ＳＤＧｓ日本企業ベスト・ランキング

ＳＤＧｓ（持続可能な開発目標）を積極的に推進している会社はどこか――。

ＳＤＧｓとは、貧困、ジェンダー、環境、衛生、サプライチェーンといった社会課題の解決を２０３０年までに達成するために、国連が２０１５年に採択した目標だ。１７の目標と１６９のターゲットで構成されており、多くの企業では、サステナビリティ（持続可能性）の具体的な項目として使われている。

ただ現状は、自社の活動を１７の目標に当てはめ、アピールに使っているケースが目立つ。ＳＤＧｓで求められるのは、さまざまな力を結集して多くの社会課題を解決していくことだ。とくに企業には本業を含めた活動で社会を変えていく役割が期待される。

各目標を見ると、環境分野などビジネス展開を期待できる内容がある一方、企業に大きな負担を強いるものも多い。社会からＣＳＲ（企業の社会的責任）としてもさまざまな義務が課せられ、その枠の中でビジネスを行う必要性が高まっている。

そうした時代背景の中、東洋経済新報社は、「東洋経済ＣＳＲ調査」で収集している非財務情報を基に、日本企業を対象にＳＤＧｓの取り組みへの評価を２１年から行っている。２００７年から実施しているＣＳＲ企業ランキングの評価をベースとして、ＳＤＧｓの達成度を可視化した。

ＥＳＧ（環境・社会・企業統治）を基本とし、企業の基盤である人材活用（Ｈ）を中心に据えた「ＥＳＧ＋Ｈ」の枠組みで評価データを選定している。評価の仕組みも２１年から一部見直し、２２年版の「ＳＤＧｓ企業ランキング」を作成した。

SDGs企業ランキング

総合順位	昨年順位	CSR企業ランキング順位	社名	総合ポイント(400点満点)	人材活用(100点) ポイント(順位)	女性部長比率(%)	男性育休取得率(%)	環境(100点) ポイント(順位)	炭素利益率(ROC)	社会性(100点) ポイント(順位)	社会貢献支出額(百万円)	企業統治(100点) ポイント(順位)	内部通報件数(件)	3年平均ROE(%)
1	1	29	オムロン	389.7	89.7(72)	3.6	13.8	100.0(1)	1,743.5	100.0(1)	557	100.0(1)	36	10.2
2	181	—	三菱UFJフィナンシャル・グループ	385.9	100.0(1)	9.7	50.0	95.6(7)	6,918.8	92.2(41)	9,165	98.1(5)	570	4.9
3	3	—	大和証券グループ本社	385.7	98.5(4)	8.8	100.0	97.1(3)	3,285.6	93.8(23)	971	96.3(37)	57	6.7
4	21	1	日本電信電話	382.9	95.6(16)	4.0	13.3	92.6(39)	545.8	98.4(3)	13,335	96.3(37)	346	11.9
5	2	—	SOMPOHD	382.7	100.0(1)	6.8	91.4	92.6(39)	1,848.8	93.8(23)	1,855	96.3(37)	406	8.6
6	14	—	第一生命HD	382.1	98.5(4)	6.7	91.3	94.1(16)	3,097.2	96.9(4)	2,095	92.6(128)	—	5.9
7	9	—	MS&ADインシュアランスグループHD	381.6	94.1(24)	4.4	69.0	94.1(16)	3,221.3	95.3(13)	1,188	98.1(5)	172	6.2
8	3	128	J. フロント リテイリング	381.3	92.6(45)	22.3	50.0	97.1(3)	127.7	95.3(13)	415	96.3(37)	24	▲0.2
9	18	32	セイコーエプソン	378.7	91.2(59)	2.6	30.8	94.1(16)	111.1	95.3(13)	576	98.1(5)	77	7.0
10	25	13	NTT東日本 ※	378.4	94.1(24)	4.6	8.6	98.5(2)	—	96.9(4)	616	88.9(282)	26	—
11	44	2	NTTドコモ ※	378.3	94.1(24)	3.4	12.8	92.6(39)	—	95.3(13)	13,970	96.3(37)	53	—
12	11	3	KDDI	377.6	94.1(24)	5.1	13.4	89.7(93)	968.6	93.8(23)	1,221	100.0(1)	671	13.9
13	17	8	サントリーHD ※	376.9	95.6(16)	9.0	58.4	92.6(39)	—	90.6(61)	6,768	98.1(5)	129	—
14	5	—	東京海上HD	376.8	94.1(24)	3.1	45.2	92.6(39)	5,198.1	93.8(23)	1,753	96.3(37)	255	7.5
15	13	125	ファンケル	376.6	100.0(1)	23.3	75.0	91.2(59)	1,236.0	89.1(83)	215	96.3(37)	4	12.2
16	16	69	帝人	376.1	92.6(45)	2.8	60.4	89.7(93)	41.5	93.8(23)	480	100.0(1)	115	3.3
17	23	115	キユーピー	375.1	94.1(24)	1.1	76.1	94.1(16)	184.6	90.6(61)	630	96.3(37)	38	6.7
18	21	9	トヨタ自動車	374.9	91.2(59)	2.0	15.1	97.1(3)	3,159.5	92.2(41)	18,700	94.4(75)	624	10.3
19	6	106	TOTO	374.4	97.1(8)	3.4	32.9	94.1(16)	421.0	90.6(61)	1,274	92.6(128)	47	8.1
20	27	44	資生堂	374.2	97.1(8)	41.9	—	92.6(39)	1,017.9	93.8(23)	1,935	90.7(189)	—	6.7
＊	34	—	三井住友フィナンシャルグループ	374.2	94.1(24)	9.4	95.4	88.2(129)	14,052.2	93.8(23)	2,680	98.1(5)	305	5.6
22	30	28	アサヒグループHD	374.1	94.1(24)	12.6	12.1	89.7(93)	395.3	92.2(41)	1,207	98.1(5)	47	8.8
23	15	132	アズビル	372.6	88.2(87)	2.2	36.0	94.1(16)	—	92.2(41)	82	98.1(5)	175	10.4
24	10	5	富士フイルムHD	372.4	88.2(87)	3.9	17.2	94.1(16)	212.8	93.8(23)	1,133	96.3(37)	270	7.7
25	54	10	花王	372.2	98.5(4)	11.1	42.2	91.2(59)	219.2	84.4(166)	1,061	98.1(5)	304	14.1
＊	24	—	みずほフィナンシャルグループ	372.2	97.1(8)	6.1	45.6	88.2(129)	3,522.3	90.6(61)	1,145	96.3(37)	176	5.4
＊	7	—	日本生命保険 ※	372.2	97.1(8)	7.0	100.0	95.6(7)	—	90.6(61)	5,215	88.9(282)	—	—
28	30	76	オリンパス	371.1	88.2(87)	1.7	19.4	92.6(39)	642.4	92.2(41)	—	98.1(5)	55	13.3
29	53	11	セブン&アイ・HD	371.0	92.6(45)	8.2	5.9	91.2(59)	195.9	89.1(83)	1,461	98.1(5)	1,144	7.4
30	45	6	中外製薬	370.7	95.6(16)	11.0	63.1	83.8(238)	2,057.5	96.9(4)	2,232	94.4(75)	31	22.0
＊	38	133	SCREENHD	370.7	89.7(72)	3.7	92.1	94.1(16)	461.6	90.6(61)	52	96.3(37)	12	9.5
＊	26	163	アシックス	370.7	94.1(24)	7.7	13.5	94.1(16)	—	84.4(166)	69	98.1(5)	44	▲0.6
33	221	4	三井物産	370.2	92.6(45)	1.0	45.0	92.6(39)	—	90.6(61)	1,390	94.4(75)	29	11.3
34	29	15	NEC	369.8	85.3(130)	5.5	11.0	92.6(39)	366.8	93.8(23)	336	98.1(5)	76	10.6
35	19	21	第一三共	369.6	95.6(16)	5.0	40.0	86.8(163)	714.9	89.1(83)	1,538	98.1(5)	42	6.9
36	37	17	アイシン	369.1	91.2(59)	3.0	12.2	89.7(93)	113.9	93.8(23)	2,040	94.4(75)	80	5.6
37	40	73	ANAHD	368.2	92.6(45)	5.9	10.7	85.3(207)	▲13.8	92.2(41)	59	98.1(5)	192	▲18.5
38	—	47	NTT西日本 ※	368.1	88.2(87)	6.1	4.0	94.1(16)	—	96.9(4)	624	88.9(282)	17	—
39	7	120	丸井グループ	367.8	95.6(16)	4.9	100.0	85.3(207)	645.6	90.6(61)	189	96.3(37)	31	5.5
40	42	14	ダイキン工業	366.8	94.1(24)	3.1	93.4	92.6(39)	242.7	87.5(115)	1,292	92.6(128)	43	10.8
41	12	46	イオン	366.6	91.2(59)	11.3	—	94.1(16)	235.7	90.6(61)	2,492	90.7(189)	548	▲1.4
42	277	99	東急	366.2	98.5(4)	3.1	80.0	89.7(93)	76.2	89.1(83)	352	88.9(282)	294	▲0.4

総合順位	昨年順位	CSR企業ランキング順位	社名	総合ポイント（400点満点）	人材活用（100点） ポイント（順位）	女性部長比率（%）	男性育休取得率（%）	環境（100点） ポイント（順位）	炭素利益率（ROC）	社会性（100点） ポイント（順位）	社会貢献支出額（百万円）	企業統治（100点） ポイント（順位）	内部通報件数（件）	3年平均ROE（%）
43	47	12	積水ハウス	365.4	83.8(164)	0.9	100.0	88.2(129)	1,468.0	95.3(13)	627	98.1(5)	92	10.3
44	28	31	キリンHD	365.3	92.6(45)	19.1	39.0	88.2(129)	186.0	93.8(23)	1,009	90.7(189)	—	7.3
*	129	45	三菱商事	365.3	91.2(59)	1.8	53.7	95.6(7)	—	85.9(144)	2,936	92.6(128)	75	9.0
46	33	7	JT	365.2	89.7(72)	1.1	3.5	89.7(93)	695.5	96.9(4)	5,286	88.9(282)	118	12.5
47	94	22	伊藤忠商事	365.1	89.7(72)	0.0	28.9	85.3(207)	—	93.8(23)	634	96.3(37)	71	16.1
*	51	154	BIPROGY	365.1	92.6(45)	9.9	26.7	85.3(207)	1,793.6	89.1(83)	12	98.1(5)	32	14.6
49	69	—	トヨタ車体 ※	364.5	88.2(87)	0.0	5.7	97.1(3)	—	92.2(41)	106	87.0(351)	26	—
50	68	16	東レ	363.4	85.3(130)	2.9	—	91.2(59)	61.1	90.6(61)	1,540	96.3(37)	45	4.9
51	58	81	関西電力	362.9	85.3(130)	2.1	95.7	91.2(59)	5.3	93.8(23)	1,370	92.6(128)	74	6.6
*	39	151	ニコン	362.9	83.8(164)	4.8	—	95.6(7)	264.6	89.1(83)	280	94.4(75)	30	0.7
*	57	166	日新電機	362.9	80.9(242)	1.0	22.4	95.6(7)	917.6	93.8(23)	142	92.6(128)	17	8.6
54	59	—	T&DHD	361.9	95.6(16)	1.7	100.0	80.9(305)	2,188.0	89.1(83)	392	96.3(37)	320	5.8
55	46	33	ブリヂストン	361.4	85.3(130)	0.3	4.4	88.2(129)	419.6	95.3(13)	251	92.6(128)	257	8.9
*	180	160	NECネッツエスアイ	361.4	83.8(164)	2.4	11.5	92.6(39)	—	90.6(61)	6	94.4(75)	69	10.8
57	116	—	住友生命保険 ※	361.3	92.6(45)	3.3	96.1	88.2(129)	—	95.3(13)	1,086	85.2(402)	—	—
58	160	37	豊田自動織機	361.2	82.4(202)	0.9	6.4	83.8(238)	734.8	96.9(4)	702	98.1(5)	62	4.9
*	77	178	ベネッセHD	361.2	92.6(45)	31.9	12.3	94.1(16)	—	87.5(115)	164	87.0(351)	28	2.1
60	112	35	豊田通商	360.7	85.3(130)	1.1	39.0	88.2(129)	—	89.1(83)	706	98.1(5)	38	11.1
61	50	60	ユニ・チャーム	360.6	85.3(130)	2.8	83.3	89.7(93)	519.1	87.5(115)	653	98.1(5)	41	11.1
62	51	85	日本郵船	360.3	86.8(109)	10.3	42.4	89.7(93)	6.4	87.5(115)	641	96.3(37)	37	29.3
63	43	146	古河電気工業	360.1	79.4(295)	2.8	—	94.1(16)	99.1	92.2(41)	6	94.4(75)	26	4.9
64	102	42	住友化学	359.5	91.2(59)	2.9	63.8	88.2(129)	26.2	87.5(115)	304	92.6(128)	135	7.1
65	36	—	野村HD	359.2	94.1(24)	5.6	64.4	91.2(59)	3,030.3	90.6(61)	1,307	83.3(466)	68	6.3
66	82	114	島津製作所	359.1	91.2(59)	4.3	22.3	89.7(93)	1,929.3	87.5(115)	2,527	90.7(189)	60	11.2
67	80	72	日本精工	359.0	85.3(130)	1.1	—	89.7(93)	51.9	85.9(144)	169	98.1(5)	178	2.1
68	91	48	ヤマハ発動機	358.8	86.8(109)	2.1	—	92.6(39)	1,090.5	81.3(224)	283	98.1(5)	186	12.1
*	130	204	オカムラ	358.8	80.9(242)	0.9	79.7	94.1(16)	367.4	87.5(115)	79	96.3(37)	6	8.8
70	69	18	コマツ	358.7	89.7(72)	3.3	17.1	86.8(163)	1,411.1	85.9(144)	1,628	96.3(37)	89	8.1
71	124	129	電通グループ	358.3	91.2(59)	8.8	76.9	89.7(93)	▲434.7	92.2(41)	147	85.2(402)	10	▲5.5
72	101	56	王子HD	358.0	89.7(72)	8.7	0.0	92.6(39)	14.2	81.3(224)	1,047	94.4(75)	140	8.4
73	127	79	ソフトバンク	357.7	86.8(109)	3.5	38.5	82.4(272)	1,229.6	92.2(41)	12,091	96.3(37)	68	36.9
74	87	94	ヒューリック	357.5	85.3(130)	15.0	75.0	86.8(163)	882.6	89.1(83)	480	96.3(37)	0	12.3
75	107	190	九州電力	357.4	77.9(338)	3.6	—	88.2(129)	1.5	96.9(4)	376	94.4(75)	10	2.0
76	194	101	豊田合成	357.3	85.3(130)	3.0	—	88.2(129)	288.1	87.5(115)	52	96.3(37)	49	5.9
77	55	56	マツダ	356.7	83.8(164)	1.8	—	91.2(59)	188.3	89.1(83)	1,611	92.6(128)	53	1.5
*	99	89	ローム	356.7	83.8(164)	1.9	15.5	94.1(16)	81.1	84.4(166)	1,569	94.4(75)	10	5.5
*	73	116	協和キリン	356.7	88.2(87)	9.5	15.1	88.2(129)	1,528.7	85.9(144)	655	94.4(75)	29	7.9
*	96	125	シスメックス	356.7	91.2(59)	7.1	33.6	83.8(238)	1,431.7	89.1(83)	303	92.6(128)	12	12.0
81	66	286	サッポロHD	356.5	86.8(109)	3.1	78.2	86.8(163)	3.8	92.2(41)	226	90.7(189)	23	▲0.2
82	—	59	NTTコミュニケーションズ ※	356.3	89.7(72)	4.9	13.2	91.2(59)	—	82.8(192)	1,185	92.6(128)	64	—
83	60	288	アース製薬	356.1	86.8(109)	1.6	33.3	88.2(129)	—	92.2(41)	905	88.9(282)	2	7.1
84	112	20	旭化成	356.0	83.8(164)	2.6	54.3	88.2(129)	49.9	85.9(144)	1,143	98.1(5)	60	7.6
*	154	103	川崎重工業	356.0	83.8(164)	0.9	5.3	85.3(207)	100.4	90.6(61)	679	96.3(37)	39	1.5
86	115	52	明治HD	355.9	88.2(87)	1.2	29.2	88.2(129)	165.4	90.6(61)	2,969	88.9(282)	—	11.8
87	120	—	芙蓉総合リース	355.7	92.6(45)	9.5	78.6	80.9(305)	—	85.9(144)	50	96.3(37)	3	9.8
88	103	136	横浜ゴム	355.6	82.4(202)	0.0	62.8	89.7(93)	193.0	89.1(83)	38	94.4(75)	154	9.6
*	86	166	日清食品HD	355.6	82.4(202)	0.0	—	88.2(129)	342.0	90.6(61)	1,112	94.4(75)	63	9.4
90	94	19	デンソー	355.5	85.3(130)	0.6	—	91.2(59)	138.0	93.8(23)	692	85.2(402)	74	3.8
91	—	105	LIXIL	355.3	82.4(202)	2.7	60.0	91.2(59)	22.6	89.1(83)	964	92.6(128)	343	5.5
92	63	55	大阪ガス	355.2	79.4(295)	7.3	—	92.6(39)	931.4	90.6(61)	281	92.6(128)	165	7.3

(注)社名のHDはホールディングスの略。※は未上場企業。各ポイントの( )内は順位を表す。CSR企業ランキング順位は金融および財務データがない企業は「—」で記載。ROEは直近3期の平均値。▲はマイナス
(出所)『CSR企業総覧(雇用・人材活用編)』『CSR企業総覧(ESG編)』2022年版のデータを基に東洋経済作成

オムロンが2年連続首位

結果を見ていこう。ランキング1位は2年連続でオムロンとなった。分野別では環境、社会性、企業統治が1位。人材活用は72位にとどまったものの総合力で2年連続のトップとなった。

ESG・サステナビリティ分野の責任者は会長（取締役会議長）の立石文雄氏が務める。指名・報酬委員会を設置し、社外取締役による経営者評価やESG関連指標の役員報酬反映なども行う。

中期経営計画はSDGsの取り組みと連動。高血圧人口が増加しているインドや中国などの新興国で血圧測定習慣の普及活動を展開する。また、子ども食堂の開設・運営費用の助成や小学校でのハンドボール指導、国際交流助成といった社会貢献活動も活発。コロナ禍で前年より減っているものの直近で5・5億円が社会貢献に使われている。

人材活用は、低い女性比率以外では高い評価を得ており、とくに障害者雇用率は2・

97%と高い。

従業員は就業時間中のボランティア参加が認められている。地域貢献事業として国内外の拠点ごとに会社周辺地域の清掃や福祉施設への訪問・寄付などを例年は実施していた。20年度はコロナ禍で古切手整理や献血などの活動に限られたが、多くの従業員が参加した。

温室効果ガス（GHG）排出量は、2019年度5・4万トン－CO2（二酸化炭素）から20年度3・6万トンへと、32・9%削減。50年度までにスコープ1（自社のGHG排出）とスコープ2（電力等の間接GHG排出）のゼロを目指す「オムロン カーボンゼロ」の着実な進展が見られる。

2位は三菱UFJフィナンシャル・グループ。人材活用1位、環境7位、企業統治5位といずれもトップクラスだ。中でも女性管理職比率21・8%、女性部長比率9・7%、障害者雇用率2・55%などダイバーシティ関連の比率は大企業の中でも高水準になっている。グループ各社での再生可能エネルギー導入や廃棄物削減にも力を入れる。グリーンボンドやサステナビリティボンドといった金融機関ならではのCO2排出量削減策にも積極的だ。
グループのタイ・アユタヤ銀行で、金融サービスへのアクセス機会が十分でない低所得者層等向けのマイクロファイナンスを実施。学生向けの「金融経済教育」として、「金融」や「経済」の仕組みを学ぶ機会の提供なども行っている。

3位は大和証券グループ本社。人材活用4位、環境3位が牽引した。4位は、22年版CSR企業ランキング1位の日本電信電話。社会性の3位以外は人材活用16位、環境39位、企業統治37位と必ずしもトップクラスではないが、バランスよく得点している。

以下、5位SOMPOホールディングス、6位第一生命ホールディングス、7位MS&ADインシュアランスグループホールディングスと保険各社が並ぶ。8位のJ・フロントリテイリングは小売業でトップ。9位はセイコーエプソン、10位には未上場企業トップのＮＴＴ東日本が入った。

このＳＤＧｓ企業ランキングはＣＳＲ企業ランキングと異なり、財務評価を加えていない。そのため財務規模で劣る8位Ｊ・フロントや15位ファンケル、23位アズビルといった中堅上場企業が上位に入る。会社の規模にとらわれない社会課題解決の先進企業の一覧としても参考にしてほしい。

一方、大企業も規模や知名度に比例して社会的責任が増す。当然、ＳＤＧｓの取り組みの範囲は広くなり、短期的にはコストとしてのしかかってくるだろう。しかし、そうした取り組みを行うことで、新たな技術の獲得や、従業員の意識改革といった変化も生まれてくる。事業運営を通して自社と社会の変革につなげるという、新しい時代の「ＳＤＧｓ貢献企業」といえるだろう。

（岸本吉浩）

注目企業リポート

SDGsでチャンス創出

【キユーピー】卵殻を捨てずにとことん活用

環境保全や貧困の撲滅などを掲げるSDGsの達成に多くの企業が関心を寄せている。こうした課題を解決するだけでなく、課題解決を通じて新たなビジネスチャンスを創出している企業も増えつつある。

マヨネーズを手がける食品メーカー大手、キユーピーもその1つだ。キユーピーが1年に使用する卵は約25万トン。日本全体の年間生産量の1割に当たる。一方で、つねに意識してきたのが年間で約2・8万トンも排出される卵殻の利活用だ。1950年代には卵殻を土壌改良剤として農家に配布するなど活用を進めてきた。今では製造の過程で排出される卵殻を100%有効活用している。

卵殻の活用事業の1つとして、2017年にはベトナムで卵殻カルシウムを配合した栄養強化食品を発売した。卵殻カルシウムは人体に吸収されやすい特質を持つ。コメを炊く際にこの食品を加えることで、手軽にカルシウムを摂取できる。ベトナムでは60歳以上の女性の約4割が骨粗鬆症を患っているという報告もあり、カルシウム不足への対策が国全体の課題だ。

こうした問題を解決すべく、ベトナムでの販売に踏み切った。値段はベトナムの平均月収の100分の1程度と手頃だが、認知度が低いのが足元の課題になっている。認知度向上へ向け、スーパーだけでなく、病院での販促活動も開始している。今後は、現地の学校給食へ同食品を導入する予定だ。

【アース製薬】「MA-T」で除菌から脱炭素まで

殺虫剤業界最大手のアース製薬がSDGsの実現に貢献できると期待するのがMA

ーTだ。MAーTとは革新的な除菌・消臭システムのこと。MAーTを活用すれば、感染症対策に加え、医薬品開発から環境負荷の低減まで社会課題の解決に貢献できる可能性がある。

MAーTの主成分は水だが、菌やウイルスに触れると除菌成分を生成する。アルコールを含まないため安全性も高く、さまざまな場所で活用しやすい。

除菌剤以外でもMAーTの活用は進む。大阪大学などが北海道に設置した試験プラントでは、家畜のふん尿から得られるメタンを液体燃料であるメタノールへと変換する事業の育成に取り組んでいる。メタンからメタノールを取り出すのは難易度が高かったが、MAーTを用いることで、二酸化炭素を排出せずに安定して取り出せる。こうした脱炭素の分野から抗がん剤開発への応用など、MAーTの活躍の幅は広がりつつある。応用分野をさらに広げるべく設置された日本MAーT工業会にアース製薬も加盟し、さまざまな国内企業との連携を進めている。同工業会は、パシフィックリーグマーケティングと提携し、プロ野球パ・リーグ6球団の衛生対策サポートを実施するなど認知度向上にも取り組んでいる。

【大和証券G（グループ）本社】投資を通じて社会課題を解決

グリーンボンドなどSDGs債へ注目が集まっている。グリーンボンドとは、資金使途を再生可能エネルギーの活用など環境問題の解決に限った債券のこと。大和証券グループ本社は、これらにいち早く着目。国内で発行されるSDGs債の2022年度引受金額で国内1位の企業だ（2022年7月8日時点）。

2006年に社会課題の解決などの視点を投資に組み入れることを提唱する国連責任投資原則（PRI）が策定され、ESG投資への関心が高まった。このPRIに大和証券のグループ会社が真っ先に署名するなど、投資を通じた社会課題の解決に積極的に取り組んできた。清水一滴サステナビリティ・ソリューション推進部長は、「ESG投資が浸透する以前から、経済的なリターンだけではなく、社会課題の解決が投資に求められることを予見していた」と語る。

2021年には脱炭素に貢献する企業へ投資し、顧客から得る報酬の一部から植樹活動を行うNPO法人へ寄付する投資信託を発売するなど、SDGs関連の金融商品を拡充してきた。機関投資家だけでなく、個人投資家も投資を通じた社会課題の解決を重視する傾向が広まる中、今後もＳＤＧｓ関連の金融商品を増やすことで幅広い投資層への訴求力を高めていく計画だ。

【東急】地産地消で住み続けられる街づくり

東急は、自社鉄道の全路線を再生可能エネルギー由来の電力で運行するなど社会課題の解決に取り組んでいる。都市開発においても取り入れているのがＳＤＧｓの視点だ。

東急田園都市線のあざみ野駅からバスで１０分ほど行くと団地が現れる。その中に開設されたのが「ｎｅｘｕｓチャレンジパーク早野」だ。パーク内の農地を使って地域住民が共同で農業を行うなど地産地消活動や環境保全の啓発活動に取り組んでいる。この取り組みは、郊外の魅力を高めるプロジェクトである「ｎｅｘｕｓ構想」の一環として開始された。暮らしの快適さと社会課題解決への貢献を両立させることで、より高いＱＯＬ（クオリティー・オブ・ライフ、生活の質）を実現するのがこの構想の目的だ。

この構想を通じてＳＤＧｓに関心の高い若い世代も郊外の地価の安い地域に呼び込みたいというのが東急の狙いだ。今後は、早野以外の地域でも、「ｎｅｘｕｓ構想」を展開していく計画だ。

（本誌・大竹麗子）

欧州企業がさらに躍進（2022年・上位50社）

世界のSDGsランキング

世界的に先進的なSDGs企業を知るにはどうすればよいか。それに役立つのが、2002年から世界経済フォーラム（ダボス会議）で発表されている「世界で最も持続可能な100社（Global 100 Index）」だ。カナダの出版社、コーポレートナイツ社が選定していて、売上高10億ドル以上の上場企業約7000社を対象に、環境、社会、リスクマネジメント、ガバナンスの状況について24の項目で評価し、上位100社を公表する。企業の持続可能性について評価するという点で、世界的にも有数なランキングであり、注目度は高い。

世界で最も持続可能な100社

2022年版ランキング（上位50社を掲載）

（注）太字は欧州企業。データ更新のため12位は2社、30位は欠番
（出所）コーポレートナイツ社

順位	前年順位	社名	国・地域	業種
1	21	**ベスタス・ウィンド・システムズ**	**デンマーク**	電機
2	24	**クリスチャン・ハンセン・ホールディングス**	**デンマーク**	医薬品・バイオ
3	43	オートデスク	米国	IT
4	1	**シュナイダーエレクトリック**	**フランス**	電機
5	40	シティ・デベロップメンツ	シンガポール	不動産
6	9	アメリカン・ウォーター・ワークス・カンパニー	米国	インフラ
7	2	**オーステッド**	**デンマーク**	エネルギー
8	12	**アトランティカ・サステナブル・インフラストラクチャ**	**英国**	エネルギー
9	55	**ダッソー・システムズ**	**フランス**	IT
10	18	ブランブルズ	オーストラリア	物流
11	57	シムス	オーストラリア	金属
12	38	**ジョンソン・コントロールズ・インターナショナル**	**アイルランド**	ビルテクノロジー
〃	7	**ケリング**	**フランス**	服飾・宝飾品小売り
13	93	**KPN**	**オランダ**	通信
14	6	マコーミック	米国	食品
15	—	シュニッツァー・スチール・インダストリーズ	米国	リサイクル
16	45	トランスコンチネンタル	カナダ	印刷
17	5	スタンテック	カナダ	コンサルティング
18	17	カスケイド	カナダ	包装
19	—	イポクア・ウォーター・テクノロジーズ	米国	水道
20	—	北京エンタープライズウォーターグループ	香港	水道
21	3	ブラジル銀行	ブラジル	銀行・金融

順位	前年順位	社名	国・地域	業種
22	51	積水化学工業	日本	化学
23	—	エンジー・ブラジル・エネルジア	ブラジル	電力
24	4	**ネステ**	**フィンランド**	石油・ガス
25	19	**イベルドローラ**	**スペイン**	電力
26	70	ゼロックス・ホールディングス	米国	電機
27	—	セールスフォース・ドットコム	米国	IT
28	13	シスコシステムズ	米国	ネットワーク機器
29	39	**アルストム**	**フランス**	電機
31	—	**ルグラン**	**フランス**	電機
32	16	エーザイ	日本	医薬品・バイオ
33	—	エコラボ	米国	製造
34	—	カナダ太平洋鉄道	カナダ	鉄道
35	36	**ノボザイムズ**	**デンマーク**	バイオ
36	90	アルファベット	米国	IT
37	27	**フェアブント**	**オーストリア**	電力
38	95	ワークデイ	米国	ソフトウェア
39	—	サンパワー	米国	太陽光発電
40	8	**メッツォ・オートテック**	**フィンランド**	産業用機器
41	29	IGMファイナンシャル	カナダ	銀行・金融
42	—	シンイー・ソーラー・ホールディングス	中国	太陽光発電
43	—	スプラウツ・ファーマーズ・マーケット	米国	小売り
44	20	TSMC	台湾	電機
45	62	ビタソイインターナショナルホールディングス	香港	食品
46	60	サムスンSDI	韓国	産業用機器
47	—	ロンジー・グリーン・エネルギー・テクノロジー	中国	太陽光発電
48	—	アップル	米国	IT
49	54	テラス	カナダ	通信
50	50	ヒューレット・パッカード	米国	IT

デンマーク企業が急伸

トップ2を飾ったのは、デンマークの会社。1位は風力発電を手がけるベスタス・ウィンド・システムズ、2位はバイオテクノロジーのクリスチャン・ハンセン・ホールディングス（HD）。2021年のランキングではともに20位台だったが、大きく順位を上げた格好だ。どういった点が評価されたのか。

例えばベスタスは風力発電機の世界的なメーカーで、欧米を中心にグローバルに事業を展開。今回のランキングで唯一、総合評価A+を獲得している。同社ではサステナビリティ実績をサプライヤーネットワークも含めたバリューチェーン全体の主要優先事項として確立。資源循環ロードマップとガバナンス体制を公表し、CO2排出削減目標についてもパリ協定で合意した、産業革命前からの気温上昇を1・5度以内にする目標と整合性があることを、Science Based Targets（科学的根拠に基づく目標）イニシアチブにより確認している。

一方、クリスチャン・ハンセンは収益の約80%をSDGsへの貢献に活用。SD

Ｇｓが掲げる目標のうち目標２「飢餓をゼロに」、目標３「すべての人に健康と福祉を」、目標１２「つくる責任／つかう責任」の３つの目標を特定し、環境負荷を軽減した収穫量の拡大や、健康効果があると認定された商品の投入、ヨーグルトの製造工場から出るホエイ（廃棄物）の削減を目指している。

なお、前回に続いてトップ１０入りしたのは、電機メーカーのシュナイダーエレクトリック、インフラ関連のアメリカン・ウォーター・ワークス・カンパニー、電力会社のオーステッドの３社。同ランキング上位の入れ替わりは激しい。また、１０位のうち６つは欧州勢となり、ＳＤＧｓに対する実行力の高さがわかるというものだ。

存在感薄い日本企業

ＳＤＧに対する取り組みはテクノロジー系企業で進んでいることからベスト１００にも同業種が多く選ばれ、水関連の事業を手がける企業も目立つ。水資源の枯渇は何年も前から叫ばれていて、いよいよ注目度が高まってきたようだ。

地域別で見ると、欧州41、北米36、アジア・太平洋20、中南米3、中東・アフリカは0という結果だった。ちなみに、2012年のランキングでは欧州59、北米14だったので北米の追い上げは目覚ましいところ。直近では欧州と北米がトップ100の約8割を占める。

他方、アジア・太平洋は2021年に23あったのが、今回は20にまで減少している。日本からは積水化学工業(22位)、エーザイ(32位)、コニカミノルタ(53位)の3社がランクイン。日本企業は15年の1社から16~18年は4社、19年は8社と健闘していたが、20年に6社、21年に5社と減少の一途をたどっていて、21年までは常連だった武田薬品工業とシスメックスはトップ100から姿を消すことに。対して、積水化学工業は5年連続で選ばれている。同社はサステナブルな社会の実現に向け、2030年までの長期ビジョン「Vision 2030」を策定。ここでは「ESG経営を中心に置いた革新と創造」を戦略の軸に、製品・事業の革新による現有事業の拡大、新事業基盤の創造・獲得による新たな事業の創出を両立させ、社会課題解決へ貢献。このサイクルによりグループの業容そのものを倍増(売り上げ2兆円、営業利益率10%以上）させるという。また、SDGsについても、グループで取り組む社会貢献活動の中で、持続可能な社会づくりにつながる活動を「SDGs貢献活動」と定義し、グループ全体で推進している。

アジア・太平洋地域から選ばれる企業は減っているが、内訳を見ると中国が4社でトップ。太陽光発電関連のシンイー・ソーラー・HD（42位）とロンジー・グリーン・エネルギー・テクノロジー（47位）、電気機器のレノボ・グループ（87位）、EV大手のBYD（100位）が選ばれ、日本、シンガポール、オーストラリアはそれぞれ3社、韓国、香港が2社、台湾やインド、トルコは1社だった。

現状は欧米企業が目立つランキングだが、SDGs達成に向けた取り組みは加速する一方だ。他地域の企業もより積極的になっていくと思われる。SDGsが企業の評価軸として確立される中、さらなる動きが見られるに違いない。

（ライター・大正谷成晴）

停滞する日本の進捗度

日本のSDGs達成度は世界で19位。前年から順位を1つ下げた。2022年6月に発表された「Sustainable Development Report（持続可能な開発報告書）2022」からは、日本がSDGs達成に大きな課題を残す現状が浮かび上がっている。

同報告書は、国連と連携する国際的研究組織「持続可能な開発ソリューション・ネットワーク（SDSN）」が毎年発表。国連や研究機関などの統計資料を基に各国のSDGsへの取り組みを100点満点で評価、国別ランキングとしても公表している。

163カ国中のランキング1位はフィンランド。以下2位デンマーク、3位スウェーデン、4位ノルウェーと北欧諸国が続き、20位以内は日本以外、すべて欧州の国々だ。20位以下の主要国の順位は、韓国27位、カナダ29位、オーストラリア38位、米国41位、ロシア45位、中国56位など。

■ SDGs達成度ランキング

順位	前年順位	国名
1	1	フィンランド
2	3	デンマーク
3	2	スウェーデン
4	7	ノルウェー
5	6	オーストリア
6	4	ドイツ
7	8	フランス
8	16	スイス
9	13	アイルランド
10	10	エストニア
11	17	英国
12	15	ポーランド
13	12	チェコ
14	22	ラトビア
15	9	スロベニア
16	20	スペイン
17	11	オランダ
18	5	ベルギー
19	**18**	**日本**
20	27	ポルトガル

（出所）SDSN「Sustainable Development Report 2021、2022」を基に筆者作成

報告書ではSDGsの17の各目標について、複数の指標を用いて達成度を評価する。日本が最低評価「深刻な課題がある」となったのは目標5「ジェンダー平等を実現しよう」、目標12「つくる責任／つかう責任」、目標13「気候変動に具体的な対策を」、目標14「海の豊かさを守ろう」、目標15「陸の豊かさも守ろう」、目標17「パートナーシップで目標を達成しよう」の6つだ。

日本の
SDGs達成状況

目標	深刻な課題がある	重要な課題がある	課題が残る	達成済み
① 貧困をなくそう	○	○	●	○
② 飢餓をゼロに	○	●	○	○
③ すべての人に健康と福祉を	○	○	●	○
④ 質の高い教育をみんなに	○	○	○	●
❺ ジェンダー平等を実現しよう	●	○	○	○
⑥ 安全な水とトイレを世界中に	○	○	●	○
⑦ エネルギーをみんなに そしてクリーンに	○	●	○	○
⑧ 働きがいも経済成長も	○	○	●	○
⑨ 産業と技術革新の基盤をつくろう	○	○	○	●
⑩ 人や国の不平等をなくそう	○	●	○	○
⑪ 住み続けられるまちづくりを	○	○	●	○
⓬ つくる責任 つかう責任	●	○	○	○
⓭ 気候変動に具体的な対策を	●	○	○	○
⓮ 海の豊かさを守ろう	●	○	○	○
⓯ 陸の豊かさも守ろう	●	○	○	○
⑯ 平和と公正をすべての人に	○	○	○	●
⓱ パートナーシップで目標を達成しよう	●	○	○	○

（出所）SDSN「Sustainable Development Report 2022」を基に筆者作成

これらの評価を下げている指標としては、「ジェンダー平等を実現しよう」では国会議員の女性比率と男女の賃金格差、「つくる責任／つかう責任」では電子機器の廃棄量とプラスチックゴミの輸出量、「気候変動に具体的な対策を」では化石燃料燃焼・セメント製造に伴うＣＯ２排出量と輸入品のＣＯ２排出量などが挙げられる。

「海の豊かさを守ろう」では海水の汚染度と魚の乱獲、「陸の豊かさも守ろう」では淡水域での生物多様性保全と絶滅危惧種の保護が課題である。「パートナーシップで目標を達成しよう」は、国民総所得に対する開発途上国へのＯＤＡ（政府開発援助）の割合が、国際合意に未達だった。

日本の弱点は何なのか

日本はこのランキングで１７年の１１位以降、１５位、１５位、１７位、１８位、１９位と年々順位を下げている。官民挙げて取り組みながら、日本のＳＤＧｓが大きく進展しない原因は何なのだろうか。

ＳＤＧパートナーズＣＥＯの田瀬和夫氏は、政策決定が単年度予算に制約され、将来を見据えた逆算「バックキャスト」ができないことを指摘する。

「例えば水素戦略が挙げられる。水素を使えば、再生可能エネルギーを固定化できる。現在、日本は水素関連の技術力も投資額も世界最高水準だ。近い将来起こる水素インフラへの切り替わりを見越して、国が今『水素でトップを取りに行く』と決定すれば、日本は世界をリードできるだろう。だがその逆算に基づく大胆な意思決定が難しい」

石油・石炭や原子力発電から洋上風力発電など再生可能エネルギーへの転換や、密漁も問題視される水産業の「海からの略奪」について養殖技術で水産資源を保全できるようにすることなど、バックキャストで取り組むべき課題は多々ある。

田瀬氏は教育分野にも警鐘を鳴らす。「近年、ＧＤＰ比での教育への公的支出が下がっている。将来への投資として最も効果が大きい教育の質の低下と、次世代への影響が大きいジェンダーの不平等が是正されなければ、日本は今後も順位を落とすだろう」。

目標5のジェンダー平等は、主要先進国で最下位（116位、22年）のジェンダーギャップ指数も示すように、日本の大きな弱点だ。国会議員の女性比率の低さと男女の賃金格差の大きさが取り上げられがちだが、「問題はそれだけではない」とＳＤＧｓ市民社会ネットワーク（ＳＤＧｓジャパン）共同代表理事の三輪敦子氏は指摘する。ＳＤＧｓ目標5の指標「近代的方法による家族計画ニーズへの対応」も、日本の数値は世界の平均にすら達していない。低用量ピルなどの近代的避妊法は承認すらされていないものが多く、緊急避妊薬も処方箋がなくては入手できないことが評価を下げる原因になっている。いずれもターゲット5－6「性と生殖に関する健康および権利」の課題を示している。

このような女性に関する課題を解決するうえでも重要になるのが、女性議員比率の向上である。「18年に政治分野における男女共同参画推進法が成立したが、改善に結び付いていない。100カ国以上で採用されている、女性に一定の議席を割り当てるクオータ制を導入するなどし、制度から『女性には無理、難しい』という意識を変え、女性の声と参加が大切であることを理解する必要があるのではないか」（三輪氏）。

カギを握る消費者

ジェトロ・アジア経済研究所上席主任調査研究員の佐藤寛氏は、目標12「つくる責任／つかう責任」をはじめ、日本企業の取り組みを加速させるのに必要なのは消費者の反応だと指摘する。

「日本企業はビジネスの常識を一気に変えるのは苦手。それを変えられるのは消費行動だ。『人権侵害や環境破壊を起こす商品は購入しない』という意識が浸透すれば、企業も対応せざるをえない」

佐藤氏は、目標17「パートナーシップで目標を達成しよう」に含まれる、NGOなど市民社会と企業の対話も日本に足りていないと指摘。企業と市民社会が異なる視点から対話し、目標達成を進めることが重要だとする。

順位を上げることが目的ではないが、取り組みが不十分な領域を認識し、これまで以上に課題解決に注力することが必要だろう。

（ライター・勝木友紀子）

サプライチェーンで活用を

千葉商科大学基盤教育機構　教授・博士（政策研究）・笹谷秀光

カーボンニュートラルが喫緊の課題であり、また、新型コロナウイルスのパンデミックが収束しないうちに、ロシアによるウクライナ戦争という、世界の秩序を根本から変えてしまう事態が起こった。今後の推移と企業経営への影響を慎重に見極める必要があるが、次から次へと世界を揺るがす事態が起こる「混迷の時代」に入ったのは確かだろう。

企業現場では、製造業のみならずサービス業も含め、「調達～製造～販売」という川上から川下に至るサプライチェーンが寸断されることが続発し、十分な目配りと対応が必須の情勢になった。

これまでもサプライチェーンの脆弱性に対する補完は、大きな災害などのときに認識され、企業はBCPなどでリスクを想定しながら動いていた。だが現状は災害とは異なる影響を与えている。

まずは、新型コロナウイルスによるパンデミック。グローバリゼーションでヒト・モノ・カネが自由に移動することを前提とする貿易システムを直撃した。

とくにヒトの移動に各国独自で規制をかけざるをえなくなった。国により新型コロナの罹患状況やそれへの対策に違いがあることから、ある国の新型コロナ対応の変化により部品の調達などに支障が出る事態が続発した。

観光産業や航空業は、サプライチェーンの「顧客」に当たる「ヒト」が移動しないという深刻な状況になった。サプライチェーンの問題はサービス業でも起こることを示した。最近、ようやく世界でヒトの移動が活発化し始めているが、それとは対照的に中国の上海で取られたロックダウンも、多くの企業に影響を与えた。

OECD（経済協力開発機構）やILO（国際労働機関）は、新型コロナにより、労働条件に関するサプライチェーンおよび会社運営において脆弱性が浮き彫りになったと指摘している。日本政府も、ＳＤＧｓ実現に向けた取り組みを推進すべく、「ビジネスと人権」に関する行動計画（２０２０－２０２５）の履行を企業に促している。

さらにウクライナ戦争はサプライチェーンへより深刻な影響を及ぼしている。ロシアに対する経済制裁もあり、エネルギーに加え、食料といった基幹的な部分に影響を与えている。食料分野において、ロシアとウクライナは、世界の農産物の重要な純輸出国であり、食料の世界市場への供給を牽引している。２０２１年の小麦、大麦、トウモロコシ、菜種、菜種油、ヒマワリ種子、ヒマワリ油の世界の輸出状況を見ると、両国、あるいはそのどちらかが輸出上位３カ国に入る。さらにロシアは、窒素質肥料輸出で世界第1位などの肥料輸出大国だ。

結果として、世界の国々の食料価格上昇につながり、肥料は安定的な食料供給システムに影響する。食料輸入国では食料危機が懸念される深刻な事態になり、各国が自国の食料確保のために輸出に規制をかけることになった。

日本でもエネルギー・食料の物価上昇が家計を直撃している。企業の側から見れば原料価格の上昇を販売価格にどのように転嫁していくか、どの程度値上げするのかなど難しい判断を迫られる。

そのため、業態、企業によりその影響度は異なるが、サプライチェーンのマネジメントについて根本から見直さざるをえない状態にまで追い込まれている。

そこで、これらを整理するための、世界で通用するような羅針盤が欲しくなるところだ。今から振り返ると2015年9月に国連加盟193カ国すべての合意でSDGsを盛り込んだ「我々の世界を変革する：持続可能な開発のための2030アジェンダ」が採択されたことは、奇跡的といえる。

リスク管理のSDGs

企業にとってSDGsはチャンスのリストであると同時に、リスクの洗い出しにも役立つ。これまでは環境、人権、法令、労働が主なリスクであったが、今は健康リスク、世界情勢リスク、地政学的リスクが重要な要素として加わった。

地政学的リスクは、サプライチェーンの各段階がどの国で行われているかに関わる。米国などでは、CSR（企業の社会的責任）を超えてCPR（Corporate Political Responsibility：企業の政治的責任）という活動もある。もともとは各種政策へのロビー活動など、企業の政治活動や政治・政府との関わり方を捉えた考え方なのだが、これも参考になるだろう。

企業にとっては、SDGsを「混迷の時代の羅針盤」として、さらに活用することが重要だ。経営に取り組むメリットとしては、社会課題の解決を通じたビジネスチャンスの側面が強調されてきた。しかし、コロナ禍やウクライナ戦争を経て、今後はリスク管理における活用が注目される。

先進的企業では自社の事業についてSDGsの17目標だけでなく、さらにその下に設定された169のターゲットに当てはめる段階に入っている。169のターゲットレベルまで使いこなすことができれば、サプライチェーンに関わるリスクに対応できる。

サプライチェーンに最も関連するのは目標12「持続可能な生産と消費（つくる責

任／つかう責任）」である。この目標の下には、「２０３０年までに、人々があらゆる場所において、持続可能な開発および自然と調和したライフスタイルに関する情報と意識を持つようにする」（１２－８）というターゲットがある。消費者の持続可能なライフスタイルへの貢献のために、企業には積極的な情報開示が求められるのである。

何よりも重要なのは、経営層がＳＤＧｓを経営マターとして捉え、責任ある対応を取ることだ。現場の対応については、ＳＤＧｓやサステナビリティ部門がチェック役となり、各部門がサプライチェーン・マネジメントを行う。

例えば調達時の課題に対応するために、認証マーク取得済み材料の使用を検討する、工場の労働環境をチェックする、といった配慮が必要になる。社会的責任を果たすため、センシティブな国や原材料の場合は、現地視察・調査が必須であろう。

サプライチェーン・マネジメントの担当者は世界で何が問題になっているのかをつねにウォッチすることが大切だ。自社の事業に照らし合わせて、ＳＤＧｓを羅針盤として活用しながら対処することが必要だ。

■ サプライチェーンにおけるSDGsターゲット（主な例）

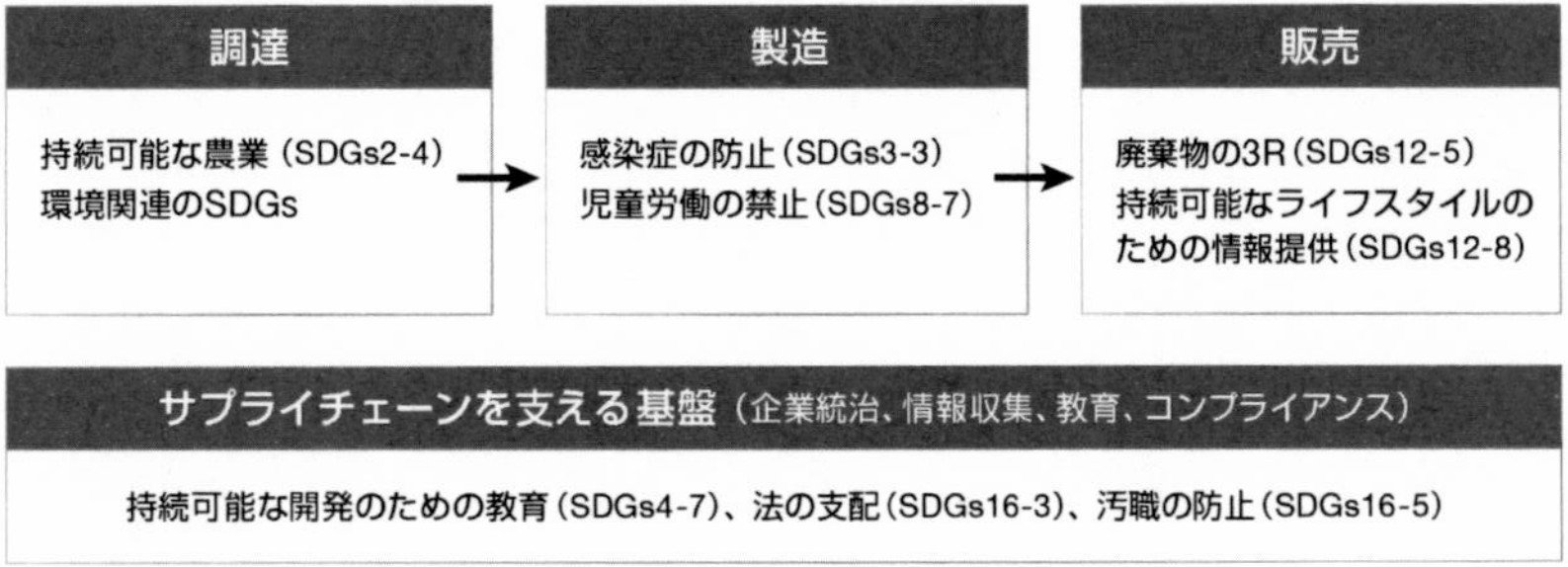

（出所）筆者作成

サプライチェーンに関する問題のポイントは次のような5点である。
①消費者に選ばれないようなものは作らない
②調達問題発生時のレピュテーション・ダメージが非常に大きい
③企業規模を問わず、経営マターとしてサプライチェーン・マネジメントに取り組む
④つねに世界情勢の分析を怠らない
⑤以上を経営問題として経営者が把握する

当然だが、消費者に選ばれないようなものは作らない。調達問題発生時のレピュテーション・ダメージは企業に想像以上の影響を与える。重要な経営マターであり、経営者が強くグリップを握りながら、問題に対処しなければいけないのである。

笹谷秀光（ささや・ひでみつ）
1977年農林省入省。農林水産省大臣官房審議官等を歴任し、2008年に退官。伊藤園取締役などを経て、20年から現職。主な著書に『Q&A　SDGs経営』など。

コロナ禍で根深さ浮き彫り

人権とジェンダーの高いハードル

日本総合研究所　創発戦略センター
シニアスペシャリスト・村上　芽

２０２０年からの新型コロナウイルスの世界的な大流行と、２０２２年2月のロシアによるウクライナ侵攻。この2つの大きな出来事は、ＳＤＧｓを含む国連の「２０３０アジェンダ」の目指す人権の尊重や、ジェンダー平等にどのような影響を及ぼしたのか。

まず、現状を確認しよう。国連ＳＤＳＮによると、全世界のＳＤＧｓ達成度スコアは２０２０、２１年には約６６点で、０・０１ポイントずつではあるが、１９年よりも後退した。この理由としては、とくに低中所得国で目標１「貧困をなくそう」や目標8「働きがいも経済成長も」が後退したことが指摘されている。コロナ対策に伴う教育停滞などが、社会に及ぼす影響は広範で、未解明のことがあると分析されている。

2022年版のリポートでは、ウクライナ侵攻の影響はスコアには表れていない。2023年にもこれまでと同じSDSNの指標体系でスコアが出るとすれば、侵攻による死傷者・避難者などはもちろん、侵攻をきっかけとしたエネルギーや食料の供給不安定化や価格高騰が世界中に及ぼす影響が、深刻なものとして表れてくるだろう。

日本の2022年のスコアは79・6点、国別順位は163カ国中19位と、前年比で1つ下げた。上位の国々と比較して圧倒的に弱いのが目標5「ジェンダー平等を実現しよう」で、改善はしたものの赤信号。そして目標10「人や国の不平等をなくそう」も、赤信号ではないが、データ足らずと評価された。

ジェンダー平等は通常、健康・教育・政治・経済の4つの面から評価される。政治や経済の面で男女差が大きいのが日本の特徴だが、SDSNで採用している3つの指標の推移を見ると次図のとおりとなった。政治は20年間でほぼ横ばい、経済は改善しているものの、何か策を講じた成果というよりも、女性の高学歴化に伴う自然体の変化に尽きるのではないかと思うほどの緩やかさだ。

■ 日本の「ジェンダー平等」指標の推移

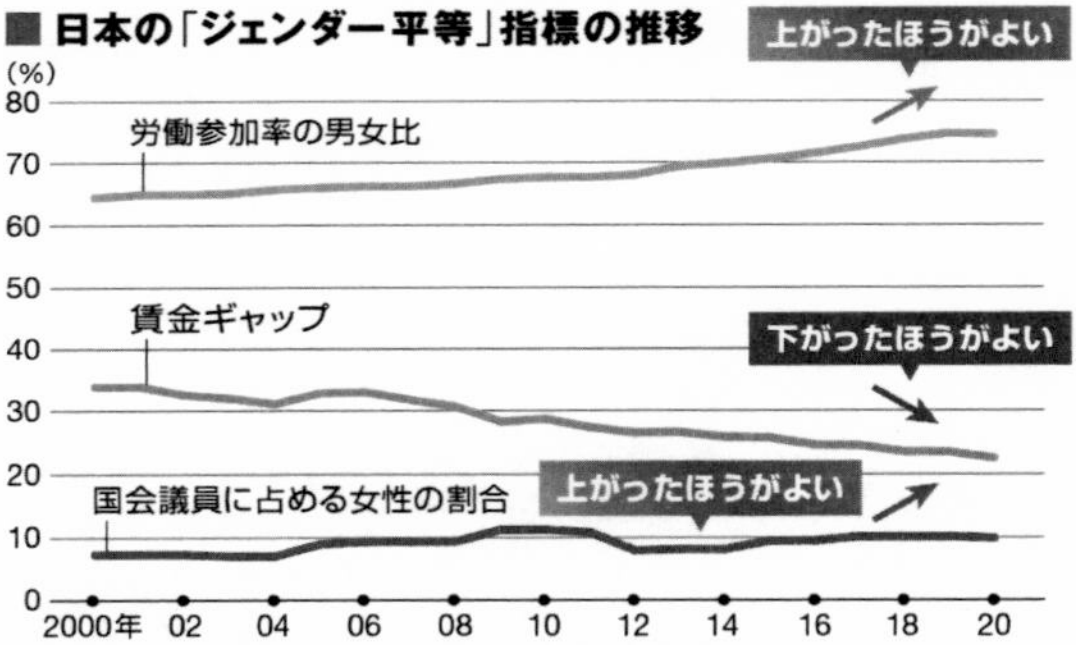

(出所)「Sustainable Development Report 2022」を基に筆者作成

２０３０年の目標年が近づく中、達成が厳しいと思われることばかりだが、世界に向けて何を学び、立て直していくべきなのか。

改めて２０２０年のパンデミック発生から今までの間に世界で起こった、人権やジェンダーに関する出来事を拾ってみた。日本で報道されたニュースを追うだけでも、自由の侵害、性別や人種による差別、他者の命の軽視といった事件ばかりが並んでしまった。

まず、国内での、コロナと人権の関係を振り返ってみる。感染症対策が浸透した今でこそ聞かなくなったが、当初、地方では都市部のナンバープレートを付けているだけで来るなと言われる、子どもを公園で遊ばせるだけで後ろ指を指される、医療従事者に対して偏見や差別に満ちた言葉が投げかけられる、といったハラスメントが横行した。

非正規労働者や技能実習生に対する解雇や雇い止め、それに伴う生活困窮、とくに非正規の女性への影響が大きかったこと、女性の自殺率の上昇、家庭内暴力や児童虐待の相談件数の増加など、労働や暴力に関する問題も噴出した。

オンライン授業やリモートワークといった可能性が広がった面もあるが、学校や家庭の情報環境による格差が学習機会に直結するなど、課題もわかった。企業では、リモートワークへの対応が人材獲得のカギとなった。

多くのケースで、もともと存在していた問題がコロナによってより強調されて表に出てきた。何か大きな悪いことが起こったとき、それに耐えられるようなストックや基盤がないと、大きな影響が発生する。コロナで見えた課題に、またフタをしてはならない。

ロシアによるウクライナ侵攻の影響が、日本における人権やジェンダー面でどのように表れているかというと、残念な話としては、在日のロシア人に対する差別や嫌がらせが発生した。ちなみに嫌がらせは、英語ではハラスメントだ。

海外事業のリスクに

コロナと比較すると、人権問題との関わりを強く感じたのは、個人よりも企業レベルだった。ロシアで事業展開する企業は、侵攻した側、つまり人権侵害をしている側であるロシアでの事業を継続するのか、撤退するのかの判断を迫られることになった。政府と直接関係のない事業であっても、製品・サービスを提供し納税することは政府を利することになるためだ。

国際政治における分断の深刻化が懸念される中、「この国で稼ぐことが、人権侵害に加担することになる可能性があるか。あれば、どう防ぐか」といった考え方が必要になってきたといえる。外国政府から資産を没収されるリスクや、内戦や紛争の発生リスクなどであれば昔から検討対象で、保険などでの手当てが可能なケースもあるだろうが、〝普通に〟事業をしているだけでも人権面から批判対象になりうるようになったのだ。

2021年、ミャンマーでの軍事クーデターの後でも、一部の日本企業が直面したが、ロシアでは西側諸国の企業の動きも大きかったため、より広く注目された。

コロナやウクライナ以外でも、次のように人種差別の根深さと暴力の問題、言論の自由が失われる問題など、SDGsなど誰も推進していないかのような出来事が続いた。

【2020年】

3月：安倍首相（当時）による全国の学校への臨時休業要請

4月：初めての緊急事態宣言

5月：米国で黒人暴行死事件をきっかけに〝Black Lives Matter〟運動が広がる

6月：中国で香港国家安全維持法案可決、翌月成立

7月：ロシアで憲法改正、プーチン氏続投へ。反対デモも起こる

11月：米国で大統領選挙、バイデン政権誕生へ

【2021年】

1月：米国でトランプ氏の支持者が連邦議会議事堂に乱入

ロシアで政治家のナワリヌイ氏の釈放を求めるデモ

日本では2回目の緊急事態宣言

2月：日本で森元首相が女性蔑視発言

ミャンマーで軍事クーデターが発生、国軍が全権掌握

5月：米国で反憎悪犯罪法に大統領が署名。アジア系への暴力増加に対応
6月：香港で「リンゴ日報」発行停止
8月：アフガニスタンでタリバンが国内を制圧。女性の権利を制限
東京オリンピックに来日したベラルーシ選手がポーランドに亡命
10月：東京で電車内の切りつけ・放火事件発生。8月にも類似の事件が発生
12月：大阪でクリニック放火事件発生
【2022年】
2月：ロシアがウクライナに軍事侵攻
6月：米国の連邦最高裁判所が女性の人工妊娠中絶権を認めた判決を破棄

この3年弱の間から学べることは、まず個人レベルでは「人権とは『人間が人間らしく生きる権利で、生まれながらに持つ権利』だから尊重すべきだ」と考えるだけでは足りない、ということだ。誰でも生まれ持った権利だからといって、どこでも、いつでもそれを持ち続けられるとは限らない。人権は、実は壊れやすい、人工の概念だ

からこそ守らなければならない、そんな感覚を持つようにしたい。
企業レベルでは、自社のビジネスが、社会の人権やジェンダー平等に及ぼす影響について、コロナやウクライナをきっかけにしつつもそれには限定しない形で、幅広く点検しておくことの必要性、重要性が増した。コロナ、ウクライナ、女性、ハラスメント対策などを一つひとつ切り離すのではなく、互いの関係性を意識していきたいものである。

村上　芽（むらかみ・めぐむ）
旧日本興業銀行を経て、２００３年に日本総研入社。１０年から創発戦略センター所属。ＳＤＧｓと経営、子どもの参加論が専門。著書に『少子化する世界』『図解ＳＤＧｓ入門』など。

SDGsは絵に描いた餅なのか

小樽商科大学大学院　准教授・泉　貴嗣

ＳＤＧｓへの懐疑的な声は確かにある。「今だけ、カネだけ、自分だけ」のビジネスパーソンによる「きれい事」との批判もあれば、ＳＤＧｓのスケールの大きさに対する戸惑いや諦めによる批判もある。

しかし、環境問題と社会問題が深刻化し、ビジネスの物理的基盤となる、世界のサステナビリティが損なわれているのは、紛れもない事実なのである。例えば貧困層の増加は市場の縮小・購買力の低下を、ジェンダーの不平等は人材活用の機会喪失と少子化を、気候変動は資源不足や天候不順による稼働率の低下をもたらす。

規模や業種にかかわらず、すべての企業の存続に影響し、なおかつ社内外にまたがる重大な事業リスクである。これらを放置すれば、ビジネスはやがて継続不可能になる。企業がＳＤＧｓに取り組む1つ目の理由は、それがリスクマネジメント、生存戦略だからだ。

　2つ目の理由は、ＳＤＧｓの実践が成長戦略だからだ。現在の学校ではＳＤＧｓが教えられ、子どもたちの企業観・労働観は確実に変わっている。Ｚ世代はＳＤＧｓに取り組む企業を高評価しており、ＳＤＧｓへの取り組みが採用活動にも影響するようになっている。

■対応の違いで**大きな差**が生まれる

取り組む場合		取り組まない場合
社内の環境問題、社会問題の**抑制によるリスクの低減**	リスク	社内の環境問題、社会問題の**放置によるリスクの増加**
社外の環境問題、社会問題に巻き込まれるリスクの**低減**	リスク	社外の環境問題、社会問題に巻き込まれるリスクの**増加**
採用可能性の**向上**	成長可能性	採用可能性の**低下**
サステナブル調達への対応力**強化**	成長可能性	サステナブル調達への対応力**不足**
エシカルビジネスへの対応力**強化**	成長可能性	エシカルビジネスへの対応力**不足**
環境問題、社会問題のビジネス化（ソーシャルビジネス化）による**成長可能性の向上**	成長可能性	環境問題、社会問題のビジネス化（ソーシャルビジネス化）の機会損失による**成長可能性の低下**

（出所）筆者作成

生存戦略として実践

ＢｔｏＢでは調達先の経済性に加え、環境性と社会性も評価する「サステナブル調達」、ＢｔｏＣでは単にオーガニックであるだけでなく、生産者や生産地の社会に配慮した「エシカル消費」が広がりつつある。従来非営利セクターの領域だった問題の解決を、ソーシャルビジネスとして手がける企業も増えている。気候テックや女性向けのフェムテック関連企業などはその典型例といえよう。これらの流れは、本業での環境問題や社会問題の解決機能の実装、つまりＳＤＧｓの実践がビジネスチャンスであることを意味している。

ではＳＤＧｓの実現に向けた取り組みをしていない企業は今後どうなるのか？　もはや「ビジネス＝眼前の顧客満足による利益の追求」という古いビジネス観は終焉を迎えつつある。生存戦略と成長戦略として取り組まない企業は「将来の従業員」に無視され、ＢｔｏＢでもＢｔｏＣでも顧客に見放され、環境問題と社会問題という新たなチャンスを逃すことになる。

ＳＤＧｓの実現に努力する企業が増えれば、逆に、努力をしない、言い換えればサステナビリティに貢献せず妨害する企業は、強い社会的批判にさらされる。ＳＮＳ全盛の時代では、無名の中小企業にすらそのリスクがある。

社会とビジネスの現実を直視すれば、ＳＤＧｓは絵に描いた餅、という答えは決して出ない。ＳＤＧｓが絵に描いた餅になるときは、社会のサステナビリティが失われるときでもある。そうなればビジネスの前提が崩壊することを忘れてはならない。だからこそ企業はＳＤＧｓの実現に挑戦する。「しない」という選択肢はないのだ。選択肢としてあるのは、それをいかにうまくやるか、だけである。

泉　貴嗣（いずみ・よしつぐ）
自治体の中小企業政策、企業のサステナビリティ経営支援、東証上場企業の常勤監査役などを経て現職。『やるべきことがすぐわかる！ＳＤＧｓ実践入門』など著書多数。

「パーパス経営」との親和性

パーパスに基づく経営の重要性を訴える声は日増しに高まっている。

パーパスは「自社はなぜ存在するのか」という存在意義、Ｗｈｙを問うものであり、それによって自社のビジネスが社会に提供する本質的価値を明らかにするとともに、自社と社会の関わり方や企業文化の形成に寄与するなど、多面的な機能がある。そのため、パーパスはビジネスにおけるさまざまな意思決定に大きく影響する。しかし、ソーシャルベンチャーではない企業やビジネスパーソンがこのＷｈｙを、それも現在のビジネスの重要課題であるＳＤＧｓと重ねて問うことは少ない。

ＳＤＧｓは、自社が「サステナビリティ実現のために何をやるべきか」というＷｈａｔを示したものである。しかし、これは社外から与えられたものなので、Ｗｈａｔ

をビジネスパーソン自身の湧き上がる使命感に昇華させる、つまり「内発的動機づけ」を行う必要がある。「企業は人なり」だからこそ、個人、とくにリーダーやマネジャーが使命感を持つことは、ＳＤＧｓの経営課題化に不可欠である。それゆえ、その取り組み理由をパーパスというＷｈｙに求める必要がある。

企業とビジネスパーソンが経営課題としてＳＤＧｓの実現を目指すには、まず自らのパーパスを問い、そこからＳＤＧｓのためにやるべきことを導き出す必要がある。それはビジネスだけでなく、自分たちの生活のサステナビリティそのものが脅かされていることを前提に、「自社はなぜ存在するのか」「自分は何のために働いているのか」を問い、「自分たちはビジネスで何をやるべきか」を導き出すことである。パーパスとは、企業とビジネスパーソンが主体的にＳＤＧｓに取り組む理由を生み出す「源泉」であるといえよう。パーパスに裏付けられたＳＤＧｓの実践は、ステークホルダーに対して力強い説得力を持つ。

■ SDGsとパーパスの関係

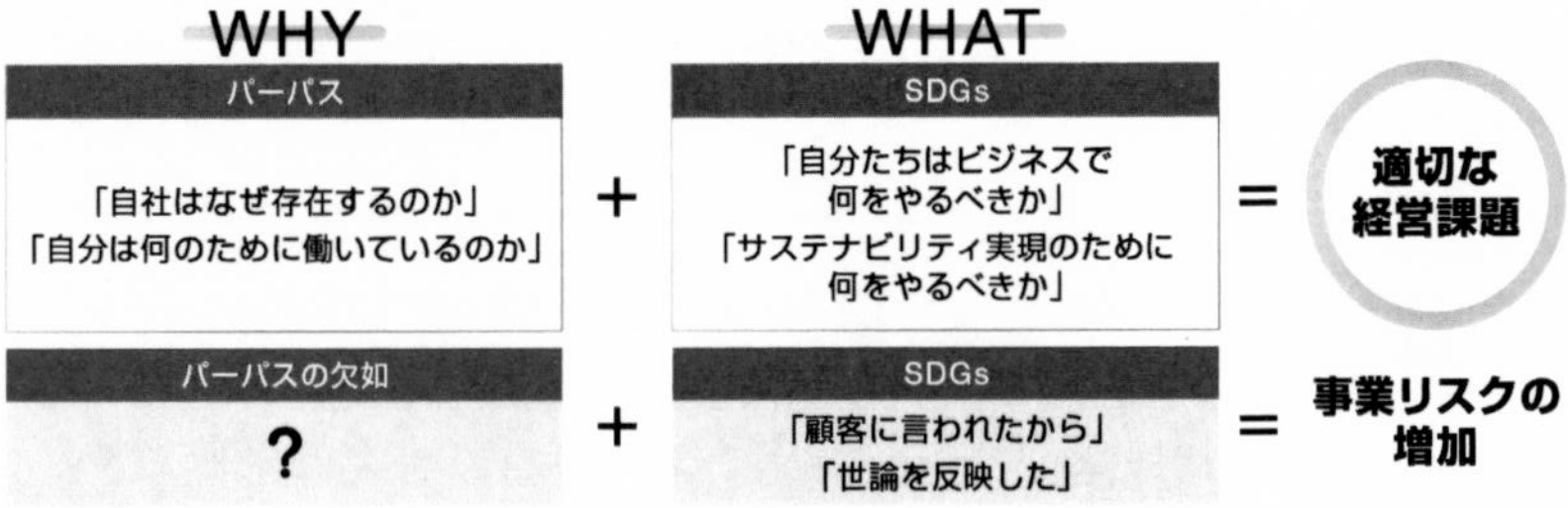
WHY
パーパス
「自社はなぜ存在するのか」
「自分は何のために働いているのか」
+
WHAT
SDGs
「自分たちはビジネスで
何をやるべきか」
「サステナビリティ実現のために
何をやるべきか」
=
適切な
経営課題
パーパスの欠如
?
+
SDGs
「顧客に言われたから」
「世論を反映した」
=
事業リスクの
増加

（出所）筆者作成

「ウォッシュ」の裏側

他方、顧客の声や世論に押され、自社の体裁を取り繕うために渋々取り組む「パーパスなきSDGs」は、ビジネスによるサステナビリティの実現に十分なパフォーマンスを発揮しえないだろう。それは、自らの存在意義とサステナビリティがリンクしていないために主体性に欠け、取り組みが形骸化したり、後手に回りやすかったりするからだ。実質を伴わない、SDGsウォッシュと考えられるケースが存在するのは、パーパスの欠如と無関係ではない。サステナビリティが脅かされるVUCA（予測不能）の時代に、そのような姿勢は大きなリスクとなる。

SDGsへの主体的な取り組みのために、パーパスは不可欠である。パーパスは自社の存在意義だからこそ、社外に丸投げしてつくってもらうものではない。ビジネスパーソンが自社について深く考え、自らの言葉で紡ぎ出すものである。古代ギリシャの格言「汝（なんじ）自身を知れ」は、SDGsとパーパスを考えるうえで、含蓄に富むといえるだろう。SDGsに関する現在の取り組みは、自社のパーパスから説き起こせるだろうか？　それは、皆さん自身のパーパスと共鳴するものだろうか？　ぜひ立ち止まって考えてほしい。

（小樽商科大学大学院　准教授・泉　貴嗣）

運用方針など徹底確認

ESGファンドの正しい選び方

個人投資家がさまざまな手段でESG投資を始めている。

「選択肢は大きく3つ。ESGに取り組む企業の個別株、ESGへの考慮を運用プロセスに取り組んだESGファンドやETF（上場投資信託）、企業や自治体が発行するグリーンボンドやソーシャルボンドといったESGを考慮した債券だ」

こう話すのは、ニッセイ基礎研究所金融研究部准主任研究員の原田哲志氏。ただし、個人が複数企業のESGの取り組みを調べ、非財務情報を考慮して投資先を決めるのは非常に手間がかかる。各種ESG債も募集機会が限られ、好きなタイミングでは始められない。それに対して「ESGファンド、ETFは投資対象の選択や運用をプロに委託でき、個人のタイミングかつ少額で始められるのがメリットだ」（原田氏）。

ＥＳＧファンドに対する個人投資家の注目度は増し、２１年末まで投資資金の流入は拡大。投資評価会社イボットソン・アソシエイツ・ジャパンの元利大輔投資情報部長は次のように解説する。

「日本籍のＥＳＧファンドの資産残高は、２０２０年後半から毎月約１０００億円のペースで増え、２１年１２月には約３・９兆円に達した。ただし、２２年に入ってから資金が流出し、６月末時点で約３・２兆円になった」

世界的にも似たような傾向で、ウクライナ侵攻やインフレで各国が金融引き締めに動いているためだ。２２年に入りエネルギー価格が高騰し、関連する金融商品に資金がシフトしたことも、ＥＳＧファンドの資金流出につながった。

「ＥＳＧの取り組みはＩＴ・テクノロジー系企業で進んでいる。これらグロース銘柄はインフレや金利上昇の影響を受けやすく、米ナスダックは年初比で3割程度下落している。これもＥＳＧファンドのパフォーマンスに影響を与えている」と話すのは、同じくイボットソン・アソシエイツ・ジャパンのマネジャーリサーチ・アソシエイトディレクター、佐藤弘明氏だ。資産残高に影響する新規設定も、20年後半から21年後半は四半期ごとに10本以上あったが、22年は第1四半期で5本だった。

ただ、各社のラインナップにも少し変化が出てきた。「どんな用語がファンド名に頻出しているか調べると、20年～21年前半は『グローバル』『サステナブル』などESG全体を包括するファンドの設定が目立ったが、21年後半以降は『脱炭素』『再生可能』などテーマを絞ったインパクト投資（社会課題の解決を目的とした投資）が増えている」（元利氏）。ファンド数が充実したのでより細分化されたファンドが登場するようになった。

22年の資金流入額トップ3のESGファンドを挙げると、「脱炭素関連　世界株式戦略ファンド（資産成長型）」（三井住友トラスト）214億円、「クライメート・ソリューション・ファンド」（三井住友DS）136億円、「脱炭素関連　世界株式戦略ファンド（予想分配金提示型）」（三井住友トラスト）114億円で、いまだ活況だ。「ESG投資は中長期的な視点で行うもの。ファンドも中長期の目標を掲げ運用に臨むのがあるべき姿。短期的な実績ではなく、テーマへの賛同など、中長期な投資に注目してほしい」（佐藤氏）。

ＥＳＧ投資の7つの手法

「真のＥＳＧファンド」の見極め方もある。まずＥＳＧに関しては国際的な枠組み（イニシアチブ）と組織があり、ファンド運用会社もイニシアチブを順守した運用が求められる。「代表的なのは、２００６年に当時のアナン国連事務総長が提唱した『ＰＲＩ（責任投資原則）』だ。ＥＳＧ投資に関する原則で、多くの機関投資家が署名している」（原田氏）。

機関投資家や企業は自らの取り組みをインターネット上で公開している。ＧＰＩＦ（年金積立金管理運用独立行政法人）もその１つだ。２０１７年度からＥＳＧ指数に基づいた株式投資を行っていて、２０年度末時点で7つのＥＳＧ指数を基に１０兆円超を投じている。「ＥＳＧ指数に連動するパッシブ運用は個人投資家向けのファンド・ＥＴＦもあり参考になる」（原田氏）。

銘柄の選定について、ＥＳＧ投資の調査・研究機関のＧＳＩＡは次の7つに分類する。

①ネガティブスクリーニング
ＥＳＧの観点から問題のある企業や業種を、投資対象から除外する。
②ポジティブスクリーニング
競合する投資対象企業の中から、最もＥＳＧ評価の高い企業に投資する。
③規範に基づくスクリーニング
ＵＮＧＣ、ＯＥＣＤなどの国際機関が公表するＥＳＧに関する規範を満たす企業に投資する。
④インテグレーション
従来の投資プロセスにＥＳＧに基づく評価を加え、投資先を選定する。
⑤エンゲージメント
ＥＳＧ課題について投資先企業との対話や議決権行使を行うことで、企業の行動の変化を促す。
⑥テーマ投資
ＥＳＧに関するテーマ（クリーンエネルギー、女性活躍など）に関連する投資を行う。

⑦インパクト投資
　社会的な課題の解決を目的として投資する。

（出所）GSIA「GLOBAL SUSTAINABLE INVESTMENT REVIEW 2020」を基にニッセイ基礎研究所作成

「兵器やたばこなどＥＳＧの観点から問題のある企業・業種を排除する『ネガティブスクリーニング』やＥＳＧ評価の高い企業に投資する『ポジティブスクリーニング』、さらには『エンゲージメント』などのプロセスを経てＥＳＧファンドの組み入れ銘柄を選定するのが一般的だ」（原田氏）。

　ＥＳＧファンドはＥＳＧ全般を考慮するものとテーマ型とに分かれ、一般の投信と同じようにアクティブ運用とパッシブ運用がある。

　購入対象を詳しく調べたいなら、目論見書や月報が参考になる。

■ESGファンド選定の流れ

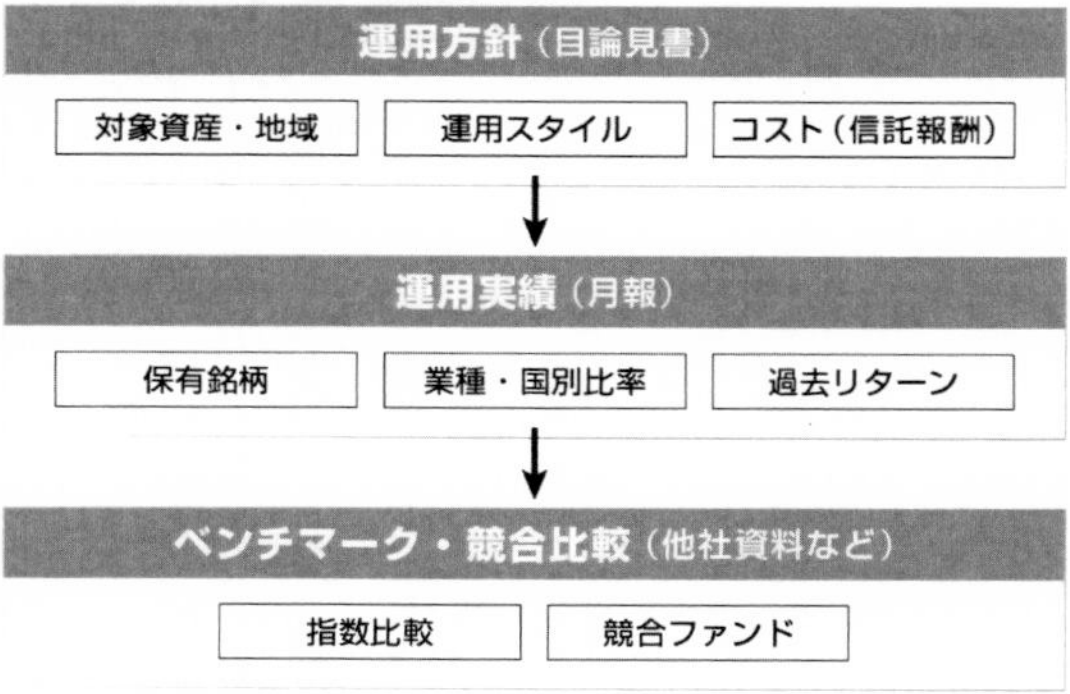

（出所）ニッセイ基礎研究所作成

まずは対象資産・地域やファンドの目的など基本的な情報、次いでポートフォリオの構成や業種・国別比率をチェックする。「目論見書で基本的な性質を把握、組み入れ銘柄や実績は月報で確かめる。ここで実際に何をしているか理解でき、うわべだけで実際はエコなどに配慮していない『グリーンウォッシュ』銘柄の有無もわかる」(原田氏)。

資産残高上位の銘柄や、同じテーマの他社銘柄との比較も有効だ。「リスク・リターンや業種比率のほか、組み入れ銘柄数もポイント。多いほど分散していてローリスク、少ないとリスクは高め。一般的には30銘柄程度あると分散投資をしていると判断できる」(原田氏)。

ファンドの運用方針・パフォーマンスは銘柄ごとに異なる。いくつもの確認工程を経て、自身の投資方針に合ったものを探したい。

可能な限りファンドの内容を確認する

(注) 日本の運用会社が組成するESGなどの投資ファンドを純資産総額が多い順に記載(2022年6月末時点)。略語は、AM＝アセットマネジメントを表す。サステナビリティ・レーティングは●●●●●＝高、●●●●＝平均超、●●●＝平均、●●＝平均未満、●＝低。▲はマイナス
(出所) イボットソン・アソシエイツ・ジャパン、Morningstar Direct

順位	ファンド名	運用会社	グローバル・カテゴリー	設定年月	実質信託報酬(税込み、%)	基準価額(円)	純資産総額(億円)	1年リターン(年率、%)	1年シャープレシオ	設定来リターン(累積、%)	資産内のESGスコアの付与割合	Morningstarサステナビリティ・レーティング	サステナビリティ・スコア(直近1年)
1	グローバルESGハイクオリティ成長株式ファンド (為替ヘッジなし)	AMOne	グローバル株式(大型)	2020年7月	1.848	9,333	8,060	▲26.03	▲1.36	▲6.67	91.68	●●●	20.67
2	イノベーティブ・カーボンニュートラル戦略ファンド	三井住友DSAM	グローバル株式(大型)	2021年3月	1.925	10,983	1,778	4.33	0.28	9.83	—	—	—
3	ベイリー・ギフォード インパクト投資ファンド	三菱UFJ国際投信	グローバル株式(大型)	2019年6月	1.518	19,105	1,500	▲22.94	▲0.70	91.36	99.29	●●	22.71
4	脱炭素関連 世界株式戦略ファンド (資産成長型)	三井住友トラスト	グローバル株式(大型)	2021年5月	1.848	9,712	1,209	▲7.56	▲0.24	▲2.88	—	—	—
5	野村環境リーダーズ戦略ファンド Bコース	野村AM	グローバル株式(大型)	2020年10月	1.86	12,362	954	▲5.02	▲0.15	23.91	—	—	—
6	ニッセイSDGsグローバルセレクトファンド (資産成長型・為替ヘッジなし)	ニッセイAM	グローバル株式(大型)	2018年5月	1.584	15,602	910	▲10.47	▲0.36	56.02	89.47	●●●●	20.10
7	野村ブラックロック循環経済関連株投信 Bコース	野村AM	グローバル株式(大型)	2020年8月	1.83	12,202	862	▲9.13	▲0.36	22.31	96.52	●●●●●	17.56
8	野村ACI先進医療インパクト投資 Bコース 為替ヘッジなし 資産成長型	野村AM	株式セクター・ヘルスケア	2018年10月	1.815	14,728	803	1.70	0.19	47.98	98.95	●●●●	23.72
9	アライアンス・バーンスタイン・世界SDGs株式ファンド (資産成長型)	アライアンス・B	グローバル株式(大型)	2021年1月	1.6164	11,321	800	▲4.16	▲0.10	13.21	98.85	●●●●	19.98
10	グローバルESGバランスファンド (為替ヘッジなし) 年2回決算型	野村AM	アロケーション・標準型	2020年11月	1.705	11,699	783	1.96	0.22	17.29	52.74	—	—
11	脱炭素テクノロジー株式ファンド	大和AM	グローバル株式(大型)	2021年7月	1.837	9,653	727	—	—	▲1.13	—	—	—
12	野村環境リーダーズ戦略ファンド Aコース	野村AM	グローバル株式(大型)	2020年10月	1.86	9,880	668	▲19.47	▲0.93	▲0.95	—	—	—
13	野村ACI先進医療インパクト投資 Dコース 為替ヘッジなし 予想分配金提示型	野村AM	株式セクター・ヘルスケア	2018年10月	1.815	10,379	604	1.86	0.19	48.39	98.95	●●●	24.07
14	野村ブラックロック循環経済関連株投信 Aコース	野村AM	グローバル株式(大型)	2020年8月	1.83	9,364	507	▲26.99	▲1.28	▲6.13	96.52	●●●●●	17.56
15	ニッセイSDGsグローバルセレクトファンド (年2回決算型・為替ヘッジなし)	ニッセイAM	グローバル株式(大型)	2018年5月	1.584	9,769	474	▲10.19	▲0.35	56.51	89.47	●●●●	19.90
16	結い 2101	鎌倉投信	日本株式	2010年3月	1.1	19,525	465	▲8.42	▲1.04	102.36	56.58	—	—
17	世界インパクト投資ファンド	三井住友DSAM	グローバル株式(大型)	2016年8月	1.98	13,227	455	▲9.11	▲0.44	92.51	92.31	●●●●	19.94
18	クリーンテック株式ファンド (資産成長型)	大和AM	グローバル株式(大型)	2020年7月	1.7171	12,830	455	▲9.37	▲0.25	28.30	—	—	—
19	脱炭素ジャパン	野村AM	日本株式	2021年8月	1.584	9,292	449	—	—	▲7.08	—	—	—
20	世界インパクト投資ファンド (資産成長型)	三井住友DSAM	グローバル株式(大型)	2018年5月	1.98	14,287	388	▲9.06	▲0.44	42.87	92.31	●●●●	19.91
21	脱炭素関連 世界株式戦略ファンド (予想分配金提示型)	三井住友トラスト	グローバル株式(大型)	2021年5月	1.848	8,952	386	▲7.59	▲0.24	▲2.81	—	—	—
22	アライアンス・バーンスタイン・世界SDGs株式ファンド (予想分配金提示型)	アライアンス・B	グローバル株式(大型)	2021年1月	1.6164	9,536	351	▲4.32	▲0.12	12.83	98.85	●●●●	19.98
23	野村ACI先進医療インパクト投資 Aコース 為替ヘッジあり 資産成長型	野村AM	株式セクター・ヘルスケア	2018年10月	1.815	11,651	339	▲47.56	▲0.85	17.20	98.95	●●●	24.07
24	アムンディ環境・気候変動対策ファンド	アムンディ	グローバル株式(大型)	2021年4月	1.88475	10,804	331	6.36	0.46	11.10	97.08	●●●	21.02
25	ピクテ・エコディスカバリー・アロケーション・ファンド (年2回決算型) ヘッジなし	ピクテ	株式セクター・工業	2009年11月	1.804	32,262	330	▲6.69	▲0.08	222.62	92.99	●●●●	21.96
26	ベイリー・ギフォード インパクト投資ファンド (予想分配金提示型)	三菱UFJ国際投信	グローバル株式(大型)	2021年4月	1.518	7,862	314	▲22.84	▲0.70	▲16.77	97.26	●●●	20.95
27	GSグローバル環境リーダーズ 年2回決算コース	ゴールドマン・S	グローバル株式(大型)	2021年8月	1.7875	8,639	309	—	—	▲13.61	99.99	●●●●	19.44
28	グローバルSDGs株式ファンド	三井住友DSAM	グローバル株式(大型)	2019年1月	1.694	14,788	305	5.39	0.43	47.88	—	—	—
29	グローバル水素株式ファンド	日興AM	グローバル株式(大型)	2021年8月	1.6885	9,359	297	—	—	▲6.41	—	—	—
30	損保ジャパン・グリーン・オープン	SOMPO	日本株式	1999年9月	1.65	14,303	296	2.14	0.27	96.11	93.49	●●●	24.50

前表は、2022年6月末時点における国内ESGファンドの純資産総額順に30ファンド並べている。ESG全般を対象にしたものやテーマ型のファンドが混在するが、投資対象をどう選べばいいのか。ファンド運用にESG要素をどの程度組み入れているのかについて運用会社のサイトで確認するとともに、ESGリポートも活用したい。「欧州のファンドでは月報や年次運用報告書とは別にESGリポートが提供されている。日本では少ないが、ESG投資を継続的に行っているかの確認や、ウォッシュの回避に役立つ」(元利氏)。

「ESGリポートがなければ月報で業種構成を確かめ、特定業種への偏りがあるなら、短期的なパフォーマンスは上下しやすいと推測できる。テーマ型ファンドの場合はとくに注意したい」(佐藤氏)

ESGファンドは歴史が浅く、パフォーマンスのレコードも短いものが多い。だからこそ、運用方針に合っているのかなど、可能な限り保有銘柄を確認したい。

「Morningstar サステナビリティ・レーティング(SR)」など、第三者の評価スコアも参考になる。

ＳＲは個別銘柄の企業レベルのＥＳＧスコアとファンドの保有銘柄から判断し、５段階で評価したもので、投資家は同じ基準で比較できる。「サステナビリティ・スコア」はファンドのＥＳＧリスクを示し、低いほうが健全。「付与割合」はファンドの組み入れ銘柄のうちＥＳＧスコアが付与された割合で、１００点が最高。評価項目が「—」なのは、基本情報の不足、新規ファンドで運用報告書や保有銘柄が未開示の場合だ。

「特定のセクター・テーマにフォーカスしたファンドは、全体のＥＳＧスコアは低くなりやすい。それが悪いのではなく、例えば脱炭素関連なら運用会社が開示しているカーボンリスクの評価とも照らし合わせたい」（元利氏）

「分散投資」も忘れてはならないポイントだ。佐藤氏は「ＥＳＧであろうがなかろうが、投資信託への投資全般にいえることで、地域や業種、投資対象、時間の分散は徹底すべきだ。これにより、リスクを分散しながらリターンを狙える。日本株限定ならパフォーマンスは日本経済に左右されるが、国内外が対象なら分散効果を得やすいし、複数を組み合わせて分散を図ることもできる。投資の大原則を踏まえてほしい」とアドバイスする。

（ライター・大正谷成晴）

失敗しないESG投資

ＥＳＧ投資に対する疑念が根強い。経済的な利益を軽視した投資スタイルではないのか、金融市場の中だけで流行しているのではないか、という点だ。これら2点がはっきりすれば、ＥＳＧ投資の拡大が一時の流行か、長期トレンドかを判断できそうだ。

ＥＳＧ投資は膨張の一途をたどる。サステナブル投資残高は日本でも米国でも右肩上がりで増えている。欧州では減っているが、これはサステナブル投資の定義を厳格化した影響が大きい。

日米欧のサステナブル投資残高と割合

	概要	2014年	16年	18年	20年
米国	残高（単位：10億ドル）	6,572	8,723	11,995	17,081
	総運用資産に占める割合（%）	17.90	21.60	25.70	33.20
欧州	残高（単位：10億ユーロ）	9,885	11,045	12,306	10,730
	総運用資産に占める割合（%）	58.80	52.60	48.80	41.60
日本	残高（単位：10億円）	840	57,056	231,952	311,039
	総運用資産に占める割合（%）	0	3.40	18.30	24.30

（出所）「グローバル・サステナブル投資白書2020」

ＥＳＧ投資が台頭してきたのは２０００年代初頭。１０年代には爆発的に増えた。米資産運用大手インベスコの日本法人でＥＳＧ事業を担当する内誠一郎・投資戦略部部長は「２００８年のリーマンショックが第1のトリガー（引き金）になった」と指摘する。

経営破綻した米リーマン・ブラザーズに限らず、当時は株主も企業経営者も次の四半期の利益をどう極大化するかを重視する風潮が強かった。それが過大なリスクを取って短期的な利益を追求する無理な経営につながった。一方、公的年金基金など長期投資家には、短期的な利益よりも、長期的かつ持続的に企業が成長するほうが好ましい。「ＥＳＧ投資は短期主義へのアンチテーゼの側面を持っている」と内氏は指摘する。

ＳＮＳの発達もＥＳＧ投資を強力に後押ししている。不祥事があればグローバル規模で瞬時に情報が伝わる。内氏は「ＥＳＧは、株主に指図されて企業がお行儀のいい経営を目指すものではなく、社会全体の要請だ」と話す。

ＥＳＧ投資にも、特定の株価指数に沿って数多くの銘柄をそろえるパッシブ運用と、運用担当者が厳選した個別銘柄に投資するアクティブ運用がある。ただ、パッシブ運用といっても、旧東証1部上場なら全銘柄が自動的に採用される東証株価指数（TOPIX）のような市場全体指数ではなく、ESG銘柄を厳選した株価指数がベンチマーク（銘柄構成や運用成績評価の指標）として使われる。

GPIFが採用するESG指数

指数の名称	タイプ	投資対象	銘柄数	運用資産額
FTSE Blossom Japan Index	総合型	国内株	229	9830億円
MSCI ジャパン ESG セレクト・リーダーズ指数	総合型	国内株	222	2兆0990億円
MSCI ACWI ESG ユニバーサル指数	総合型	外国株	2,111	1兆6187億円
FTSE Blossom Japan Sector Relative Index	総合型	国内株	493	8000億円
Morningstar ジェンダー・ダイバーシティ指数	社会	外国株	2,149	4195億円
MSCI 日本株女性活躍指数	社会	国内株	352	1兆2457億円
S&P/JPX カーボン・エフィシェント指数	環境	国内株	1,855	1兆5678億円
S&P グローバル大中型株カーボン・エフィシェント指数（除く日本）	環境	外国株	2,428	3兆3906億円

（注）2022年3月末時点　（出所）年金積立金管理運用独立行政法人（GPIF）2021年度業務概況書

前表には年金積立金管理運用独立行政法人（GPIF）が採用するESG指数を列挙した。指数が8種類あるように、統一的な基準は定まっていない。「決算書に出てこない要素が大きく、いわばアートの世界でもある」（内氏）。

金融庁は2022年4月、「ESG関連公募投資信託を巡る状況」と題するリポートを公表した。21年10月末時点で37社225本のESG投信を調査したところ、償還期限10年以下が83本と4割近くを占め、このうち23本は5年以下だった。金融庁はESG投資には中長期的な視点が求められることを挙げ、償還期間の短いファンドについて「合理的な理由を説明する必要がある」と苦言を呈した。

金融庁の不満とは別に、ESGファンドの玉石混淆は当面、解消しそうにない。そこで、ESG投資を実践しているファンドを掘り下げてみた。日経QUICKニュース社が2020年6月にESG評価と運用成績の関係を調査したところ、ESGスコアでトップの成績を上げ10年リターン2・3倍と高い運用成績を収めたのが「コモンズ30ファンド」だった。30年先を見据えて30銘柄に厳選投資する長期運用型投信である。

運用するのは独立系のコモンズ投信。個別銘柄を厳選するアクティブ型運用に特化し、「世代を超えた持続可能性」を重視する。ファンドマネジャーとして運用の最前線に立つ伊井哲朗社長は「コロナ後の経済再開、ウェブ3・0といった短期的なテーマに乗った株には投資しない」と断言する。

伊井氏は顧客向けセミナーでしばしば、長期投資の考え方をこう説明する。「生まれたばかりの子供に親が1銘柄を選んでプレゼントする」。ただし、「子供が成人するまで売れない」「成人した日に銘柄を選んだ理由を話し、喜んでもらえる」の2つの条件を満たす必要がある。「格差で分断され、貧困が深刻化し、二酸化炭素濃度が上がり、地球環境は修復不可能。そんな未来を子供に残せない」と伊井氏は話す。

企業との対話が重要

20年、30年先を見通して銘柄を発掘する作業は容易ではない。そこで同社は「企業評価のレシピ」と呼ぶ5つの要素を調べ上げる。「収益力」「競争力」「経営力」「対話力」「企業文化」である。収益力の調査には決算書などの分析が役立つが、競争力や企業文化といった非財務情報は評価が難しい。

重要視するのは企業との対話だ。四半期ごとの決算説明会に経営計画説明会や個別取材も含めると、投資先企業に対し最大で年10回程度の接触機会を設ける。「150~200社も抱えていては、対話にならない」と伊井氏は話す。

運用会社の訪問を受ければ、大方の企業経営者は株を買ってほしいばかりに、受けのよさそうなことを並べ立てるものだ。しかし伊井氏は「短期的な話には能弁な経営者でも、長期目線の質問にはごまかしが利かない」と語る。

競争力の源泉となる研究開発については、数年先の計画だけでなく、予算を決めるルールも尋ねる。そのうえで、研究開発の責任者や予算決定プロセス、中途採用の状況、研究開発を前進させるインセンティブ制度の運用状況まで聞く。技術に明るくない財務担当役員が決定権を握り、短期的な業績変動で研究開発費が増減するようでは、企業を長期成長に導く商品やサービスは生まれない。「米国では経営者が博士号を有する企業は珍しくないが、日本では堀場製作所など一握りしかない」と伊井氏は話す。

こうして選び抜かれた銘柄の1つが東京エレクトロン。2009年1月の運用開始当時3000円台だった株価は22年1月に7万円近い上場来高値をつけた。運用開始当初から継続保有するのは同社のほか、三菱商事、エーザイ、堀場製作所など組み入れの半数に当たる15銘柄。投資開始から5年未満なのはエムスリーとKADOKAWAの2銘柄にとどまる。

コモンズ30の運用損益がプラスの顧客は22年3月末時点で94%に上り、5年以上の積み立てでは利用客の99・8%で損益がプラスだった。顧客が運用会社を信頼して投資を継続していることも、ESG重視の長期運用の成功を支えているようだ。

（ジャーナリスト・相沢清太郎）

経営者必見！　実践すると会社は様変わり

ESG経営のための5ステップ

ニューラル　CEO・夫馬賢治

企業経営や金融において、ESG（環境・社会・企業統治）の重要性が増してきている。それは、世界が大きな変化の時代を迎え、もはや未来が過去の連続ではなくなってきたからだ。社会格差の拡大、少子高齢化、電力不足、食品価格高騰、中国・インドの台頭、気候変動・災害、デジタル化・通信インフラへの高い依存、サイバー攻撃、仕事に必要なスキルの変化、パンデミックの頻発化。いずれも、企業経営に巨大な影響を及ぼすようになり、これらの変化の速度は、今後も加速していくと予想されている。

企業に非財務情報の開示が求められるようになった背景も同様だ。未来が過去の連続でなくなった今、過去の財務情報だけを分析しても、将来の事業計画や戦略を適切につくれなくなり、金融機関も投融資がしづらくなってきた。

では、今後、経営者はどうしていけばよいのか。その指針となっているのがＥＳＧだ。社会や自然環境の観点から世界の変化を予見し、経営の変化を大きく生み出すガバナンス体制を構築していく。これがＥＳＧの要諦だ。うまく操ることができた者が、将来の市場を制するといっても過言ではない。そしてそれは大企業だけでなく、中小企業にも同じことがいえる。なぜなら、どの地域でも、どの業種でも、未来が過去の連続ではなくなっていくからだ。

ここで、ＥＳＧ経営を実現するための5つのステップを紹介しよう。

最初のステップは「学習する」。未来は過去の連続ではないといっても、これから世の中がどう変わっていくのかを見通せなければ、事業を計画することはできない。今では、ウェブサイト、動画、セミナーなどで未来に関するたくさんの情報を収集できるが、やはりより深く知見が得られる本は依然としてお薦めだ。また大学や専門学校の市民講座や社会人向け履修制度を活用するのも有効だ。とくに、現代の経済はグローバル化が進んでいるので、日本国内だけでなく、世界の変化についてもじっくり学びたいところだ。

若い世代と思考を

2つ目のステップは「思考する」。せっかく何かを学んでも、それを生かさなければ未来志向の経営を始めることはできない。そこで、未来の変化が、自社の事業にどのような変化を与えていくのか、どのようなリスクや機会になりうるのかを柔軟に発想してみることが不可欠となる。その際、過去の常識や、過去の成功体験にとらわれてはいけない。再三述べるが、未来は過去の連続ではなくなってきているからだ。その観点から、発想が柔軟な若い世代と一緒に思考してみるのもいいだろう。

3つ目のステップは「準備する」。これほど世の中が大きく変化している中、自社のリスクや機会にならないということは、普通はありえない。影響が見えてきたら、変化に先んじて対応していくための準備段階に入る。いつまでに何を準備しておかなければならないのか、計画を実行するためには、どのような人、どれほどの資金、どのような技術を確保していく必要があるのか。電気、水、資源なども想定どおり調達し続けていけるのか。

ＥＳＧが重視される時代には、小手先の対応では時代についていけなくなってしまうため、大胆で野心的な長期目標が求められるようになっている。「長期」の時間軸も１０年から２０年とかなり長い。そのため、毎年少しずつ改善するという計画ではなく、いつまでにどこまで到達していなければいけないのかという「逆算型（バックキャスティング型）」の計画策定が必要となってきている。

４つ目のステップは「実行する」。１０年から２０年という「長期」での計画を定めたら、腰を据えて「長期戦」に臨む姿勢を大切にしたい。日本でも少し前までは「短期で成果を出す」ことが重視されていたが、今ではすっかり長期戦が推奨される時代となった。すぐに結果が出なくても、焦らずにじっくりと取り組む。もちろん、一度立てた計画をずっと変えてはいけないということはなく、少しずつ軌道修正していくことはむしろ推奨される。

5つ目のステップは「発信する」。せっかく大胆な計画を立て、実行しても、経営者が意思を持って発信しなければ、社外に、時には従業員にすら、何をやっているのか全然伝わっていないということになってしまう。

日本では「つつましさが美徳」とされがちだが、ESG経営の時代には発信は極めて重要なステップだ。発信することによって、既存の取引先や金融機関との協働がしやすくなるだけでなく、将来の取引先の開拓や、人材採用力の強化にもつながる。とくに発信源として最低限必要なのは自社ホームページでの情報開示。できればSNSにまで手を伸ばせると発信力を強めることができる。

これら5つのステップは、一度実行すれば終わりということではなく、何度も見直しながら、計画を深めていく必要がある。その際、毎回ステップ1に戻らずとも、必要なステップからやり直していけばよい。

ここまで実践しただけでも、経営スタイルは大きく変わるだろう。だが、ESG経営で、もう1つ重要な観点をお伝えしておく。それは「サプライチェーン全体でリスクと機会を考える」というクセをつけていくことだ。

■ サプライチェーン全体でリスク・機会を捉える

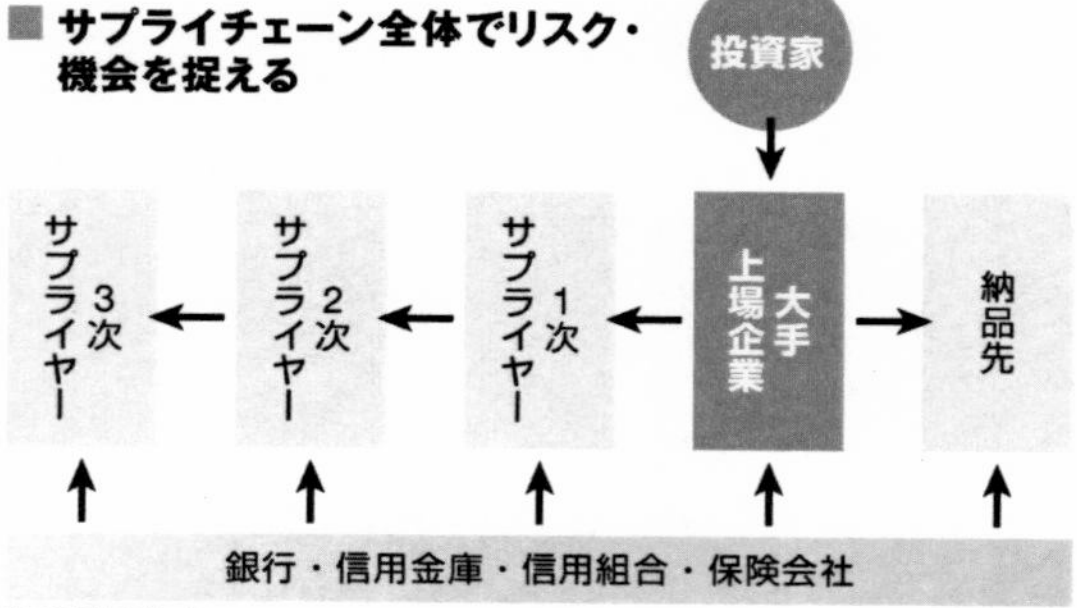

（出所）筆者作成

従来の企業経営では「自社をどうするか」に焦点が当たっていたが、これからは自社だけが生き残ったとしても、部品や原料を供給してくれる企業が苦境に陥ったり、販売先の問屋や小売店が事業に行き詰まったりすれば、自社の事業も続けられなくなってしまう。未来の変化に自社が適応するだけでなく、サプライチェーン全体が変化に適応していくためには何が必要となるのか。こうした点も、思考したり、準備したりすることが肝要だ。

日本でもすでに、大手上場企業に対しては投資家からESG視点での評価や要請が始まっており、サプライチェーン全体での対応も求められてきている。要請テーマも、CO2排出量、人権、賃金・休暇、サイバーセキュリティー、賄賂、個人情報保護、下請け法、森林破壊の有無など多岐にわたっており、大企業は中小の取引先にもこれらの対策を求めていくこととなる。また、中小企業も、金融機関からの融資や、国・自治体からの補助金給付で企業のESGの状況は見られるようになっていく。この事実を早く知り、早く実行に移していこう。

夫馬賢治（ふま・けんじ）
サステナビリティ経営・ＥＳＧ金融アドバイザリー会社を２０１３年に創業し現職。信州大学特任教授。新刊『武器としてのカーボンニュートラル経営』。ほか『ＥＳＧ思考』など著書多数。

気候変動リスクをどう開示

ＥＳＧの中でも気候変動は格別な扱いをされている分野だ。理由は大きく3つある。まず20年以上も前からあるテーマのため世の中の関心が高いこと。次に、温室効果ガス排出量算出に関する統一ルールが国際的に確立しており、データ整備がしやすいこと。そして、気候変動は、大小はあれど、あらゆる産業に影響を与えるため、経済界全体での動きとなっていることだ。そのため、ＥＳＧについての関心が高まると、それと比例して気候変動への関心も高まるという傾向がある。

日本で温室効果ガス排出量の多い大企業を対象に、年間排出量の算出制度が始まったのが1998年。地球温暖化対策推進法（通称「温対法」）で義務化された。当時は、京都議定書で定められた日本政府全体の排出削減義務に企業も貢献しようというものだったが、今は違う。気候変動による災害、健康、産業などへの影響が明らかになるにつれ、企業は自らの事業の存亡そのものについての開示を求められるようになった。もはや政府や社会のためではなく、企業が自らの経営能力と事業の将来性を伝えるための開示制度に変わった。

その新たな開示制度の代表格が、気候関連財務情報開示タスクフォース（TCFD）が策定した企業と金融機関向けの開示フレームワークだ。TCFDは、パリ協定よりも早く、2015年4月にG20財相・中央銀行総裁会議で策定構想が決まり、各国の金融当局が集う金融安定理事会が15年12月に正式に設立を決めた会合だ。背景には、気候変動が金融危機を招く可能性があるという懸念があり、当局として金融システムの安定を図るために気候変動への対処を決めたという事情があった。

だが、開示フレームワークそのものは、政府ではなく、TCFDの検討委員となった企業、金融機関、監査法人が中心となって決めた。31社の委員は、欧米の企業が多かったが、日本から東京海上ホールディングス（後に三菱商事に変更）、中国から中国工商銀行、インドからタタ・スチール、シンガポールからシンガポール証券取引所も入った。そして2017年6月に開示基準を完成させた。

日本は1000社が賛同

TCFD開示基準の具体的な内容を見よう。次図のように全体の構成は「ガバナンス」「戦略」「リスク管理」「指標と目標」が4つの柱だ。

■「TCFD開示基準」内容

ガバナンス	戦略	リスク管理	指標と目標
気候関連のリスクと機会に関するガバナンスを開示	気候関連のリスクと機会がもたらす事業、戦略、財務計画への現在および潜在的な影響を開示	気候関連リスクをどう特定し、評価し、管理しているかを開示	気候関連のリスクと機会を評価および管理する際に用いる指標と目標について開示
推奨される開示内容			
a 気候関連のリスクと機会についての取締役会による監視体制を説明	a 特定した短期・中期・長期の気候関連のリスクと機会を説明	a 気候関連リスクを特定および評価するプロセスを説明	a 自らの戦略とリスク管理プロセスに即して、気候関連のリスクと機会を評価するために用いる指標を開示
b 気候関連のリスクと機会を評価・管理するうえでの経営の役割を説明	b 気候関連のリスクと機会がビジネス、戦略および財務計画に及ぼす影響を説明	b 気候関連リスクを管理するプロセスを説明	b スコープ1、スコープ2およびスコープ3の温室効果ガス排出量と関連リスクについて説明
—	c 2℃あるいはそれを下回る将来の異なる気候シナリオを考慮し、戦略のレジリエンスを説明	c 気候関連リスクを特定・評価、管理するプロセスが、総合的リスク管理にどう統合されているかを説明	c 気候関連のリスクと機会を管理するために用いる目標、および目標に対する実績を開示

（出所）TCFD

ガバナンスでは、気候変動がもたらすリスクと機会を企業経営に組み入れるための取締役会や経営陣の体制・責務の開示が、戦略では、リスクと機会を企業の収益につなげるためのビジネスモデルや戦略などの開示が要求される。

設定したシナリオを基に、将来の財務影響を分析する「シナリオ分析」も「戦略」の項目として盛り込まれた。また、リスク管理では、確実に対処するための具体的な体制やプロセスの開示が求められる。指標と目標では、温室効果ガス排出量のほかに、企業がＫＰＩ（重要業績評価指標）として定めている指標や進捗状況の開示が求められる。

ＴＣＦＤ開示基準は、法定義務のないものとして策定されたため、当初は欧米企業を中心に、自発的な開示が進められてきた。しかし早くも２０１７年末ごろから、米英やＥＵでは政府が開示義務化ルールを制定する動きを始め、中国やＡＳＥＡＮでも金融当局から企業に開示を促す動きが出るという状況だった。

その動きに危機感を覚えた日本政府は、２０１８年から大企業に積極的にＴＣＦＤに賛同するよう働きかけ、最終的に日本はＴＣＦＤへの賛同企業数が世界で最も多い国となり、現時点では約1000社にまで達した。

それを受け、日本で大きな流れとなったのが、大企業が取引先に温室効果ガス排出量の算出を要求する動きだ。これには「スコープ3」と呼ばれるものが関係している。TCFDが企業に開示を求めているのは、自社の排出量だけでなく、取引先の排出量にまで及ぶ。

■温室効果ガス排出量のスコープの種類

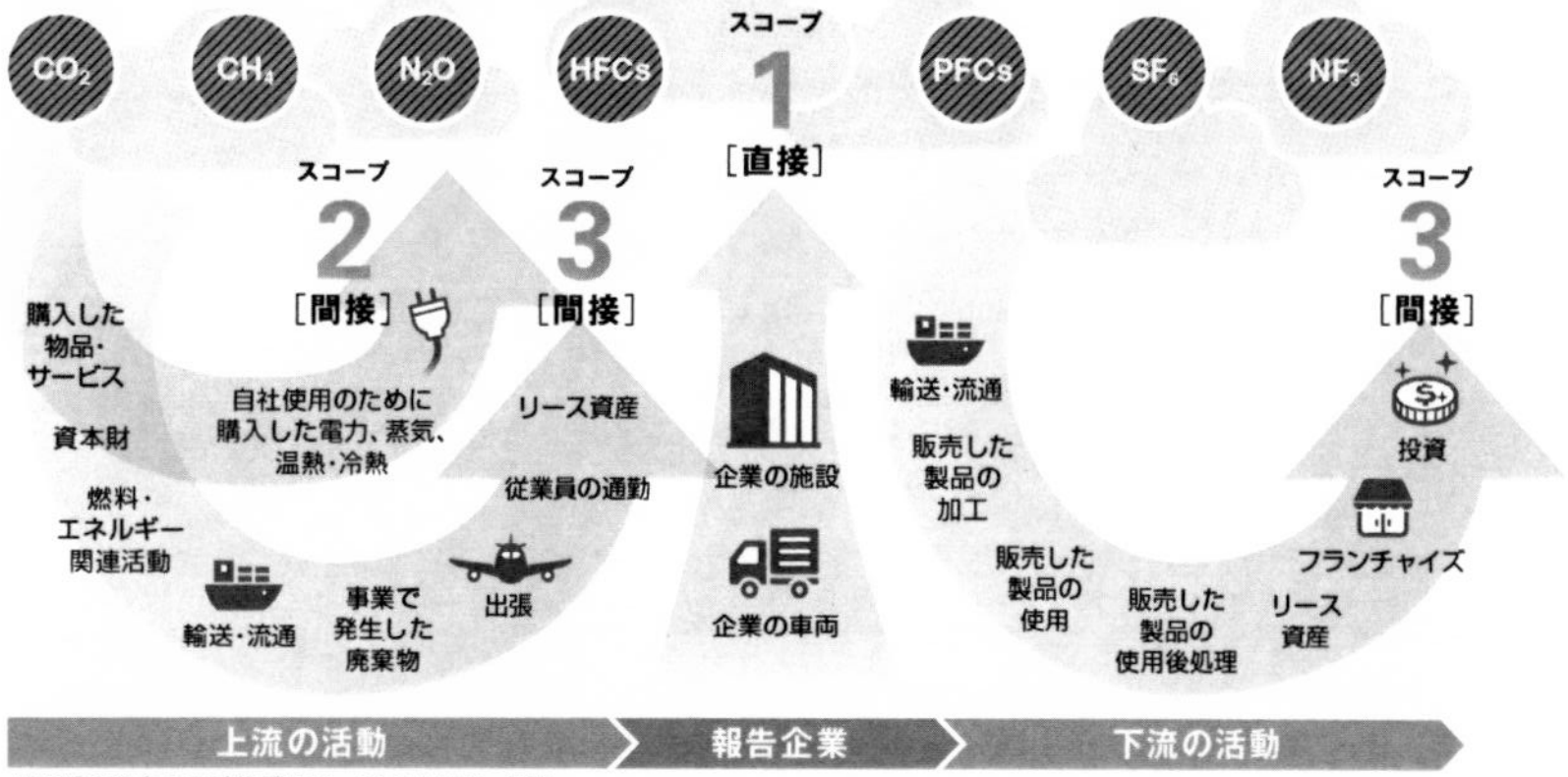

（出所）「GHGプロトコル」（みずほリサーチ&テクノロジーズ訳）

対象となる取引先は、原材料、設備・備品、リース品、輸送、出張、通勤、製品加工、製品使用、製品廃棄など多岐にわたる。大企業はひとまず、業界平均値などで推計して算出しているが、これを「カーボンニュートラル」にするためには、取引先から直接排出量を算出してもらう必要がある。同様に金融機関も、投融資先や保険の提供先から排出量データをもらわなくてはならなくなる。

ＴＣＦＤ開示基準は、国際会計基準を定めているＩＦＲＳ財団でも、企業の法定開示にする検討が始まった。また金融当局による金融機関監査でも採用される方向にある。金融機関や投資家も、投融資パフォーマンスを向上させるため、企業に対し、取引先まで含めた開示を求める動きを強めており、一部の中小企業にはすでにこの流れが到達した。今や開示を要求する主体は、政府以上に、取引先や金融機関になってきている。

（ニューラル　ＣＥＯ・夫馬賢治）

【週刊東洋経済】

本書は、東洋経済新報社『週刊東洋経済』2022年7月30日号より抜粋、加筆修正のうえ制作しています。この記事が完全収録された底本をはじめ、雑誌バックナンバーは小社ホームページからもお求めいただけます。

小社では、『週刊東洋経済eビジネス新書』シリーズをはじめ、このほかにも多数の電子書籍ラインナップをそろえております。ぜひストアにて「東洋経済」で検索してみてください。

『週刊東洋経済eビジネス新書』シリーズ

No.402　私大トップ校　次の戦略
No.403　ニッポン再生　7つの論点
No.404　マンション管理
No.405　学び直しの「近現代史」
No.406　電池　世界争奪戦

No.407　定年格差　シニアの働き方
No.408　今を語る16の視点　2022
No.409　狙われる富裕層
No.410　ライフシフト超入門
No.411　企業価値の新常識
No.412　暗号資産&NFT
No.413　ゼネコン激動期
No.414　病院サバイバル
No.415　生保　最新事情
No.416　M&Aマフィア
No.417　工場が消える
No.418　経済超入門　2022
No.419　東証　沈没
No.420　テクノロジーの未来地図

週刊東洋経済eビジネス新書　No.432
ニッポンのSDGs&ESG

【本誌（底本）】
編集局　堀川美行、大竹麗子、宇都宮　徹
デザイン　鈴木聡子、藤本麻衣
進行管理　岩原順子、平野　藍
発行日　2022年7月30日

【電子版】
編集制作　塚田由紀夫、長谷川　隆
デザイン　大村善久
制作協力　丸井工文社
発行日　2023年8月10日　Ver.1

発行所　〒103-8345
東京都中央区日本橋本石町1-2-1
東洋経済新報社
電話　東洋経済カスタマーセンター
03（6386）1040
https://toyokeizai.net/
発行人　田北浩章
©Toyo Keizai, Inc., 2023

電子書籍化に際しては、仕様上の都合などにより適宜編集を加えています。登場人物に関する情報、価格、為替レートなどは、特に記載のない限り底本編集当時のものです。一部の漢字を簡易慣用字体やかなで表記している場合があります。本書は縦書きでレイアウトしています。ご覧になる機種により表示に差が生じることがあります。

本書に掲載している記事、写真、図表、データ等は、著作権法や不正競争防止法をはじめとする各種法律で保護されています。当社の許諾を得ることなく、本誌の全部または一部を、複製、翻案、公衆送信する等の利用はできません。

もしこれらに違反した場合、たとえそれが軽微な利用であったとしても、当社の利益を不当に害する行為として損害賠償その他の法的措置を講ずることがありますのでご注意ください。本誌の利用をご希望の場合は、事前に当社（TEL：03－6386－1040もしくは当社ホームページの「転載申請入力フォーム」）までお問い合わせください。